WIN TEN

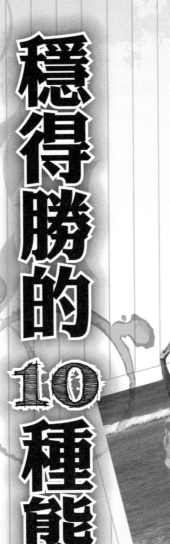

穩得勝的10種態度

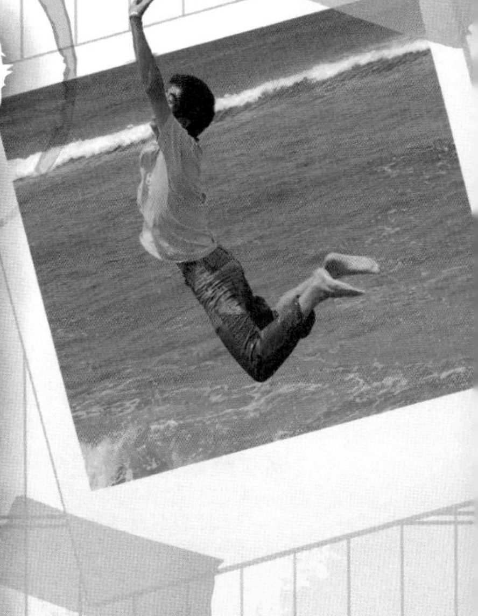

黃友玲 著
林東生 攝影

主流出版

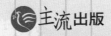

心靈勵志系列3

WIN TEN穩得勝的10種態度

作　　者：黃友玲
攝　　影：林東生
編　　輯：洪懿諄
美術構成：郭秀佩

發 行 人：鄭超睿
出版發行：主流出版有限公司 Lordway Publishing Co. Ltd.
地　　址：台北縣新店市中正路102巷7號
No.7, Lane 102, Jhongjheng Rd., Sindian City,
Taipei County 231, TAIWAN
電　　話：(02)2910-8729
傳　　真：(02)2910-2601
電子信箱：lord.way@msa.hinet.net
郵撥帳號：50027271
網　　址：http://mypaper.pchome.com.tw/news/lordway/

經銷
紅螞蟻圖書有限公司
台北市內湖區舊宗路二段121巷28號4樓
電話：(02) 2795-3656　傳真：(02) 2795-4100

以琳發展有限公司
地址：香港北角屈臣道2-8號海景大廈C座5樓
電話：(852)2838-6652　傳真：(852)2838-7970

Christian Communications Inc. of USA
9600 Bellaire Blvd., Suite 111, Houston, TX 77036-4534, USA
Tel: (1) 713-778-1144　Fax: (1) 713-778-1180

2009年4月 初版1刷
書號：L0903
ISBN 978-986-85212-1-6（精裝）

國家圖書館出版品預行編目資料

WIN TEN穩得勝的10種態度／黃友玲著： 林東生攝影.
--初版. --台北縣新店市：主流，2009.04
面：　公分. --（心靈勵志系列：3）

ISBN 978-986-85212-1-6（精裝）

1.成功法　2.生活指導　3.態度

177.2　　98005686

圓滿

與作者「認識」，是透過《中信月刊》，因她多年來與「中信」在文字事工上有美好之配搭，也提供許多觸動心靈的清新小品、新詩等創作。但在寫此序言時，才更進一步瞭解，原來她可說是「著作等身」，不但具備學養上的專業，有二十餘本著作，翻譯了十餘種西方經典文學大作，更獲得不少文學獎、散文獎。

根據黃友玲所說，她常對於現代人在生活中面對許多艱難、苦悶憂鬱，而坊間標榜心靈、勵志之叢書充斥，卻不能讓人找到出路，只得到短暫的情感抒發或情緒轉換而痛心，深覺唯有在基督信仰中才能找到解答，才可以幫助世人活得更精彩、更豐盛。

聖經歌羅西書一章28節說：「我們傳揚他，是用諸般的智慧，勸戒各人，教導各人，要把各人在基督裡完完全全地引到神面前。」她以一種「文字傳道」的心志，懷著樂意與人分享福音的心情，寫下一篇篇的小故事，並將之集結成書，期許能幫助現代人思想生命，改變態度，過得勝的生活。

作者文章中沒有教條式的教導，卻可在字裡行間尋見基督信仰的價值觀、生活觀，以及信、望、愛；是信仰在待人處事中的活化呈現。

書中除了文辭引人深思外，搭配林東生弟兄的精彩攝影作品，增添上帝創造的美好，以及視覺享受上無限的想像空間。

自己也有寫作、出書的經驗，知道一本書的誕生，需要花費不少心力、時間，但若缺少讀者的參與，就不成為「圓滿」。期盼這本書能榮神益人，讓每位讀者都有感動、也有行動，生命得改變、得幫助。

東海大學社工系教授
中華聯合勸募協會理事長
簡春安

【推薦序】

十字路口

認識作者超過二十年，從北一女到政大，友玲一直是我們當中的才女。她有敏銳的觀察力及感性，當然若沒有超強的文字表達能力，也無法與人分享。友玲說，現代人痛苦的靈魂需要解藥，人生的十字路口需要方向，我想你在《WINTEN穩得勝的10種態度》這本書裡可以找到答案，可以一探方向。這本書值得你細細品嘗，何況還有知名旅行攝影家林東生的作品相隨，更是賞心悅目。

好消息衛星電視台執行副總　馬玉玲

【推薦序】

超級元素

最經得起時間考驗的聖經中說：「你要保守你的心，勝過保守一切，因為一生的果效由心發出。」

是的！你一生不但可以過得精彩，更可以過關斬將百戰百勝；不但能成功，更可以卓越；不僅可以不缺吃、不缺穿，更可以不憂慮、不憂鬱、喜樂一生；不但自己快樂幸福，更可以使周圍的人快樂蒙福。這一切的關鍵在於，「你的心」充滿什麼！

這本書提出了十種態度，每一種態度都是「你的心」不能缺少的元素。透過發人深省的真實故事，不但讓我們在不知不覺中被這些元素吸引，更給我們極大的驅力，推著我們去擁有這些絕不可缺的心靈元素。憑良心講，現代人的時間少、接觸的資訊多，最怕囉唆冗長，然而這本書字字珠璣，順暢易讀，一開始讀就無法停下來；更妙的是，每讀一篇，都有那種「對對對，就是這樣」的驚嘆，好像找到了知心一般。

這本書的出版也令我十分驚訝。身為作者的外子，我真的不知道天天忙著照顧三胞胎的妻子，是用什麼時間寫出這本篇篇精彩的作品，我想是主耶穌這位智慧至高的主賜予她的宏恩吧！期待這本書使你的心擁有來自天上的超級元素，使你的人生從此經驗前所未有的超級祝福，使你周圍的人也因你蒙福！

美麗人生全人關懷協會理事長　董宇正
基督教台灣貴格會合一堂主任牧師

目錄

輯一

夢想

一個穩得勝的人，必定是個有夢想的人。
「偉大的夢想是活下去的原動力。」
我們的生命有了夢想，就有色彩；有了夢想，才有意義。
所以，別怕做夢！就怕無夢！
讓夢想帶我們進入更高的人生境界，完成更偉大的人生目標。

看！我在天空遨翔！

「想飛」鐵定是人類第一個願望！而「不能飛」永遠是人類第一個失望。

但瑞士有一個男子自己製作翅膀，成功地飛上天了！

他是瑞士航空公司的一名機長，曾經擔任過瑞士空軍飛行員。他熱愛飛行，不但自己能開飛機，還能像鳥兒一般自由地在空中飛翔！

他的發明是一副裝有四部小型噴射發動機的「翅膀」，這副「翅膀」外觀看起來像飛機的機翼，是由金屬和玻璃纖維和碳纖維等材質構成的。

他的做法是這樣：先在身上背上自製的飛行設備，登上一架小型飛機；當升到兩千三百多米時，他跳出飛機，開始用他的「翅膀」飛行，速度為每小時三百公里，還可以自由向上爬升呢！

由於能夠攜帶的燃料很有限，這位熱愛飛行者目前只能飛六分鐘，但他正在努力改良，希望能不斷進步。

此外，他不但希望自己能飛，他還準備大量製作他的「傑作」，向其他想飛的人出售這種「翅膀」呢！

我欣賞這人的傻勁！從小到大，我們「想飛」的念頭一再被打消、一再被「打壓」，大人一致告訴我們：那簡直是做夢！那是絕對不可能的！

但這人卻一直持守著「想飛」的熱情與夢想，他考上了空軍飛行員，他如願擔任了航空公司的機長，他已經能飛了。照理，他應該可以滿足了！但他不！他堅持要試試看「自己飛」，像「鳥兒」一般自由飛翔！

於是，他日夜研究，終於發明了「翅膀」；經過實驗之後，他終於能成功地飛上天了！他的夢想終於實現了！

我們可有我們人生的夢想？不要放棄，不要退縮！總有那麼一天，夢想，有實現的一天！

心情雜貨店

曾否在街角發現一種雜貨店，店裡琳瑯滿目，它賣的可不是柴米油鹽醬醋茶，而是各式各樣可愛精緻的裝飾品或是紀念品？

你經過的時候，總禁不住會多望它幾眼。柔和的燈光、夢幻的窗簾、饒富意味的擺飾、典雅的家具等等，叫人禁不住也幻想一下怎樣布置自己的家……。

我很喜歡逛這種雜貨店，只消一邁腿，你就會沈入美的洋海裡：一組古典的咖啡杯、一個別致的相框、一套美得像夢一般的窗簾、一張紋路透著東方味道的地毯、一串悠閒的風鈴……。

在那樣的世界裡，我陶醉了又陶醉，不管皮包裡有多少錢，不管我有沒有信用卡，不管那些可愛的雜貨上標示著多少價錢，那些都不重要了；重要的是，我已經買下了這些心情雜貨，觸目所及，都放進我的荷包裡了。我存入我記憶的寶庫，在某個深夜，或是在某個生活的片段裡，這些雜貨都發揮了它們的功能，叫我想起這個世界還有許多值得回味的美麗。

而在我的家裡，我也特意將朋友們送給我的小東西，就是一些漂亮的擺飾、精緻的禮品保留下來。我在我的家裡也布置了一個心情雜貨店。

每當夜幕低垂，或是，我獨坐沈思的時候，我喜歡逐一地欣賞我的雜貨：一只來自義大利的神燈、一組來自夏威夷的茶具、一組來自耶路撒冷的塑像、一撮來自美國沙灘的貝殼沙、一套來自中國蘇州的小泥人、幾個來自俄羅斯的小娃娃、一盒來自杜拜的裝飾……。

我好喜歡我的心情雜貨，它們提醒我朋友們的熱情，來自天涯海角的暖暖心意叫我感覺好溫馨，而美麗的精品則引渡我進入一個更瑰奇的國度。

衣櫥的魔力

衣櫥有一種魔力，吸引著、呼喚著孩子進去、進去，再進去。

以前我還沒有小孩的時候，衣櫥是我美麗的變身魔場，從衣櫥裡，我選出我要的美麗衣裳、穿上，另一個美麗的我就從鏡子裡走出來了。

而今，當我有了孩子，衣櫥再次升格，成為遊戲的所在了。躲貓貓、官兵抓強盜、三隻小豬蓋房子、祕密基地，甚至是納尼亞王國的神祕通道……。

那充滿魔力的故事是這樣的：

「從前有四個孩子，由於倫敦遭受空襲，為了避難，父母把他們送到鄉下去和一位老教授同住。那是一棟非常非常大的房子。次日，豪雨迫使他們必須留在家裡，不能出去玩，於是，他們決定在屋裡展開冒險之旅。他們這才發覺那是一棟似乎永

遠也走不到盡頭的房子，裡面有許許多多意想不到的古怪地方。他們試了幾扇門，都是通往無人使用的臥室。其中有一個空房間，裡面空蕩蕩地，什麼都沒有，除了一個大衣櫥。

「偶然一個機會，小露西闖了進去。經過一排排大衣，繼續向前探索，她期待她的指尖會觸碰到木頭，但什麼也摸不著。忽然間，她覺得她腳下踩到了某種東西，發出嘎匝嘎匝的聲音。一抬頭，露西發現自己來到了一個新天地，那就是納尼亞王國。」

納尼亞王國的動物會說話、樹木會唱歌，是一個非常奇妙的國度。這就是著名的英國作家C‧S‧路易斯最受歡迎的經典童話故事之一《納尼亞傳奇：獅子、女巫、魔衣櫥》。

我常在想，如果讓我們做大人的，試試降低自己的身高，就像孩子們一樣高，去生活、去探索，我們一定會比較容易明白為什麼孩子都喜歡躲在衣櫥裡。

孩子的世界在一百五十公分之間，他們看我們大人的世界就像大巨人的世界，餐桌、餐椅、沙發、大床，這一切都大得嚇人、高不可攀，只有衣櫥最親近，就像是為他們打造的房子一樣，高度那麼剛好，他們鑽進去，甚至連頭都不用低一下。

有一次我從外面辦事回來，見大兒子哭得如淚人兒。一問之下，才知道他想躲進衣櫥裡去玩，卻被其他的大人嚴格禁止，原因是，裡面有許多棉被和衣物，他進去會把那些東西弄亂。

我二話不說，把那些棉被衣物統統丟出來，讓孩子躲進去，他一進去，抹了抹眼淚，笑了，我轉頭「昭告天下」說：

「小孩本來就是要躲在衣櫥裡的，誰都不可以禁止他們！」

我的三個孩子都拍手叫好。我當時覺得我已經深深瞭解路易斯的心思了，何必規定孩子這麼多呢？以一百多公分高的孩子而言，就讓他們享受童年的歡樂，享受衣櫥的神祕，有何不可呢？

誰殺了大作家

巴爾札克，法國十九世紀著名作家，法國現實主義文學大師，與俄國的托爾斯泰齊名。他最有名的作品是《人間喜劇》。

一七九九年，巴爾札克出生在巴黎近郊的小鎮。父親是農民出身，身體強壯、脾氣暴躁。母親夏爾羅特刻苦耐勞、充滿熱情、講求實際。

一八一四年，由於父親工作的關係，舉家移居巴黎。

來到巴黎，父親命令巴爾札克一定要研究法律。早上下午聽法律課程，下課後就在律師事務所鑽研實務。

巴爾札克二十一歲時，因為想要當作家而與父親發生嚴重爭執。父親堅持要他當律師，他卻執意走自己的路。

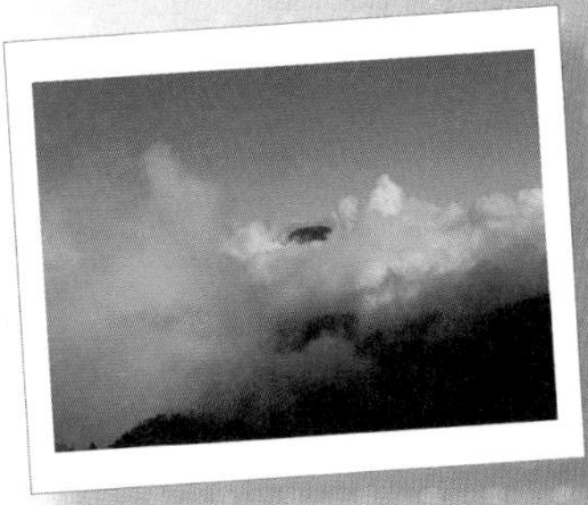

最後的結論是父親同意給他兩年考驗的時間。那時候，全家人都搬走了，只有巴爾札克獨自一人留在巴黎，住在閣樓，與孤獨及貧窮苦鬥，但他卻甘之如飴。

據說，這段時間巴爾札克在閣樓常常飢寒交迫，有時咬著乾癟的麵包，難以下嚥，但他卻想到一個「畫餅充飢」的辦法，拿粉筆在餐桌上畫出盤子的形狀，然後在正中央寫上自己最喜歡的菜名，這樣他就當自己已經品嚐了豐盛的佳餚。

十年之間，巴爾札克沒沒無聞，直到一八二九年、他三十一歲那年，才一鳴驚人，受到文壇矚目。

巴爾札克的時代就是拿破崙的時代，巴爾札克曾如此自豪地寫道：「拿破崙以劍無法完成的事，我用筆完成了。」

事實上，後世也證明了巴爾札克的文學地位，他夢想以筆征服人類社會，而他的美夢成真。

巴爾札克的父親差點扼殺了這位文壇巨星，父親認為走法律的路處處是活路，走文學的路處處是死路，因此堅決反對自己的兒子當作家。以當時的社會、以他們的經濟狀況，作家夢簡直是荒謬至極。

但巴爾札克堅持，他堅持要走自己的路。激烈的爭執之後，父親也只是暫作緩衝之計，答應給他兩年的時間，意思是「你做做看就知道當作家好不好玩！」誰知兩年也還是不夠，巴爾札克前後蟄伏了十年才出頭。誰知巴爾札克不管多窮多苦，他還是執意走下去。

至終事實證明，巴爾札克是對的，他知道他自己的性向，他知道他的路，他知道他遲早能在文學這片園地放光發熱，他成功了！他也許不是衣錦榮歸，他也許不是日進萬金，但是他成功地完成了他的使命，為人類社會留下了寶貴的文化資產，為那個世代留下了不可磨滅的印象。今天，論到世界文學的地位，他的成就還可媲美托爾斯泰呢！

麥可・喬丹的一小步

麥可・喬丹，這位NBA的偉大人物，籃球天王巨星，曾經帶領芝加哥公牛隊六奪NBA總冠軍，他的事業登峰造極。

他曾經說過一句話：「我向來只訂短程目標！」他從來都是一次走一小步，每一次成功，都領他走向下一步、下一次的成功。

「萬丈高樓平地起，英雄不怕出身低。」登高也要從腳下的階梯開始，一階一階往上爬。

麥可・喬丹深諳這個道理，所以他從來只為自己訂立合理而可行的目標。高遠的目標，遙不可及，不如從實際面開始，一步步築夢。

一次只做一件事，一次只完成一個目標。麥可・喬丹說，他從來只全心放在他的下一步。如此，一步、一步，又一步。

這讓我想起，每個人小時候都玩過的「連連看」遊戲，從一連到三十，或五十或六十，甚至更多。一次一小步，按著次序來，有時步步相連，有時一步跑到天邊，但還是一步。直到完成了旅程，放遠一看，才知道原來整個圖案是這樣的，全盤計畫，盡收眼底。

原來走過的每一步都有意義、都有價值，缺一不可。

曾經有過的質疑，如今都豁然開朗，原來一切都在計畫中，向著目標前行。因此，我們知道邁向成功、追求卓越，是每一天的事，是一步步去完成的。

此時此刻，就是關鍵時刻！現在努力，將來收穫；這一小步達成了，下一步就更加靠近目標了。

只能仰望高樓、雙腳卻踏在原地不動的人，是不會進步的。

相反地，我們若能腳踏實地地去行，一步一步地去接近我們的夢想，一點一點地去描繪圖案，成功就不遠了！

桃花源在哪裡？

陶淵明在〈桃花源記〉裡寫著，有一個人在捕魚途中，意外地闖進一個世外桃源。那裡「芳草鮮美、落英繽紛」，夾岸數百步都是豔豔的桃花林，真是一個美得像夢境一般的地方。

再走進去，看見一座山，山邊有一個小洞，從那個小洞走進去，竟然別有洞天，儼然是另外一個世界：屋舍、稻田、池塘，還有桑林和竹林。道路整齊、人們來往、雞犬相聞，一片祥和之氣。

那些居民看見一個陌生人跑進來，都好奇地湊過來詢問，兩相問答之下，才知道這群人的祖先是先秦時代的人，他們是為了逃難才來到這個地方，就此落地生根、開墾生產，一代傳一代，就這麼自成一個天地，從此與世界隔絕。

這個不速之客在大家熱情招待下住了幾天，才依依不捨地離去，臨走前，桃花源居民們還特別交代：「千萬不要把這裡的事向外人提起，我們不願意曝光。」

誰知，這個漁夫一出來，就把居民的囑咐忘得乾乾淨淨，他開始展現他的「狗仔」功夫，沿路不斷做記號，並且立刻去晉見地方官，報告他的奇遇，地方官自然驚喜萬分，當場下令派人跟著漁夫去尋訪桃花源。

只是奇怪的是，那個漁夫沿著一路的記號找去，卻怎麼也找不著桃花源了。

陶淵明的文章至此打住，留下一個美麗的謎團給後人：「桃花源」究竟在哪裡？地圖上可找得到？

不論答案是什麼，他好像要告訴我們：要尋找桃花源，循著記號是找不到的；那是一種心靈的邂逅，可遇而不可求。

想想，我們心靈的桃花源在哪裡？是無眠的深夜，是獨自散步的晨間，是燈下讀書時分，還是與上帝親近的片刻？

我們每一個人都需要找到自己心靈的桃花源，免得我們疲憊枯竭。

莫買沃洲山

鄉間小路通常是沒有人注意的，因為名不見經傳，也沒有人專門為它打廣告。但就是因為這樣，鄉間小路顯得特別可喜。

我喜歡在無事的午后，隨意到鄉間走走，不必特地尋找名勝古蹟，也不必跟著一大群人去所謂旅遊勝地，我只想尋找一條小徑、一片草原、一畦花園，沒有指示牌指引，心之所至，即是美景。

大型的遊樂區是人們尋找樂子的地方，尖叫聲、歡呼聲、熱門歌曲此起彼落，水花四濺、音樂飄揚，那是商業與娛樂結合的地方。

至於著名的風景區，除了少數被小心保護之外，大都已經人工化了，我們心裡明明知道那是假山假水，還不得不隨俗一下，加以讚美一番，想來，這也是惱人。

況且，這些素有盛名的地方大多人滿為患，特別是假日，簡直是摩肩擦踵，風景是看不到的，因為到處都是人山人海，還有因觀光客而來的攤販小吃，弄得到處雜亂不堪，不但原來賞景的好心情被搞砸了，還平白浪費了時間和金錢，真是何苦來哉？

因此，我決定選擇不受盛名之累的小地方，只要有山有水，叫人眼前一亮，或是天光雲影，引人遐思，都是我心目中休憩的好地方。

唐朝的詩人劉長卿寫過這樣一首詩：

孤雲將野鶴，豈向人間住？
莫買沃洲山，時人已知處。

沒想到，劉長卿和我有一樣的想法，選擇好地方，千萬不要找那種人人盡知之處，那種地方絕對是人擠人、人看人，無風景可看。

還有，就是，請大家告訴大家，為美麗的風景保守祕密，千萬不要宣傳。

輯二

感恩

一個穩得勝的人，必定是個感恩的人。

這個世界沒有「應該」兩個字，沒有人「理當」對我們好，所有的好處、所有的幫助都是我們不配得的。把自己想成「零」，自然就明白這道理，當別人不斷為我們加碼時，我們要以感恩的心回饋。

一個感恩的人，必能享受到更多恩典。

風吹書頁響

他才十三歲，一個小男孩，因為小時候染上「哮吼」而失去聽力，媽媽親自教他，常常教到兩人抱頭痛哭。

人生才正要開始，美妙的音樂、動感的韻律，小男孩全聽不見！一個全新的世界等待他的探索，但小男孩卻完全無法領會；更糟的是，因為他「聽不見」，所以他也「不會說話」，成了一個又聾又啞的孩子，真是情何以堪！

母親堅持不放棄，四處打聽治療的方法，終於找到專業醫師試試看，透過動手術，幫她的孩子裝「電子耳」。「電子耳」價格並不便宜，但母親努力籌措經費，終於如願以償，小男孩戴上了「電子耳」。

小男孩第一次戴上「電子耳」的時候，又興奮又緊張，仔細地聆聽著，聆聽著這

世界的聲音。

他仔細地聆聽著每一種聲音，這世界的每一種聲音他都不放過！聽過一些聲音之後，有人問他：「聽到了什麼？」「什麼聲音最好聽？」他說：「『翻書』的聲音，還有『風吹過』的聲音！」

「翻書」的聲音？「風吹過」的聲音？一般人可能從來沒有仔細聽過！但一個初獲聽覺的人竟是如此激動，這實在是叫我們這些正常人汗顏。

我們什麼聲音都聽得到，卻像是什麼也聽不見。我們似乎並不在乎這世界有些什麼聲音！美妙的古典音樂、熱鬧的流行歌曲、牙牙學語的童謠；廚房裡的鍋碗瓢盆相擊的聲音；建築工地施工的噪音、馬路上車水馬龍的聲音……，這一切聲音我們可曾用心聽過？

聽覺感官如此，其他如視覺、嗅覺、味覺、觸覺等，又何嘗不是如此？我們享受著感官，用感官來認識這個世界，但我們似乎很少把這樣的恩典放在心上，也從來不覺得「聽得見」、「看得見」有什麼了不起！

直到有一天失去了感官的能力，聽不見了、看不見了，我們才驚覺平日的幸福與美好、生活的方便與順暢！

何必呢？何必等到失去，才懂得珍惜，才懂得感恩呢？何不就從此時此刻開始，就常為能看見彩色世界而感恩，為能聽見美好旋律而搖擺，為能嗅著玫瑰的花香而神往，為能觸摸小嬰兒稚嫩的肌膚而振奮，為能吃到美味的食物而手足舞蹈！

聽！書頁翻過，那聲音多麼清脆悅耳！

聽！微風過處，大地處處如鈴鼓吹響！

雞舍裡的寶貝

匈牙利有一位老先生，在自己家的雞舍棚架上偶然間發現一把珍貴的「史特拉第瓦里」小提琴，一夜之間從貧苦的養雞人家成為百萬富豪。

這位老先生六十八歲了，一輩子靠養雞、賣雞蛋維生，勉強養活一家大小。這天他忽然在雞舍的棚架上摸到一個東西，仔細一看，原來是一把小提琴。

仔細想想，那把琴可能是他父親留下的。他的父親是一位音樂家，二次大戰期間，他的父親臨時被徵召上戰場，臨走前將自己珍貴的小提琴藏在雞舍棚架上。後來，他的父親戰死沙場，因此沒有人知道雞舍的祕密。

數十年後的今天，兒子忽然發現了，但他沒學過音樂，這把琴對他也沒有用。不過，他說，因為那小提琴看起來材質不錯，拿去給專家鑑定，結果發現這把琴竟然

是十七世紀義大利製琴名匠的作品，名叫「史特拉第瓦里」小提琴。

據說，目前全世界只有六百五十把這種小提琴，最近在美國成交的一把「史特拉第瓦里」小提琴，其賣價就接近兩百萬美元。

可以想見養雞老人的驚喜與惶恐，一夕之間，他從窮人變成富豪，家庭的窘境可以得到解決了。但回頭想想，那個寶貝放在雞舍這麼多年，安靜地躺在那裡，而他，一輩子在貧窮裡度過，多少次兒女的哭泣、多少次瀕臨斷炊，但家裡明明就有天價寶貝，只是自己不知道，當然也就不能享有。「貧窮」與「富有」這麼近，也這麼遠！

我常想，人生常常也是這樣，我們的生命裡有太多寶貝，可能連我們自己都不知道：有人到老才發現自己有繪畫的天才；有人臨時被推上台，才發覺自己很會唱歌；有人忽然從鏡子裡發現自己的雙眼皮比別人去整形的還美！有人去了趟醫院，才發現自己多麼健康、多麼健全，那是多少錢也買不來的寶貝啊！

且尋找我們生命裡的寶貝吧！別在生命的「貧窮」裡哭泣，因為「財富」其實離我們不遠！

阿媽，我來看您！

許多人都是阿媽、阿公帶大的。長大了，忙於課業、工作，或是結婚生子了，久而久之，便忘了幼時長輩的恩情。

但這個女孩卻一直牢牢記住，自己若不是阿媽辛苦撫養，她不可能平安順利地長大。所以，從她小學三年級開始，直到她升上高中，她風雨無阻，天天騎腳踏車去看阿媽，距離是五公里。

她說，她怕阿媽一個人無聊，所以，每天一定去跟阿媽聊聊天、搥搥背，讓阿媽開心。

想來，不可思議！一個小女孩，竟有此毅力，八年之久、五公里之遙，天天報到，從不缺席，這樣的舉動讓當阿媽的好感動！

但小女孩卻說，是阿媽照顧她的恩情使她難忘，她一定要報恩！施恩的人不多，感恩的人更少。感恩是一種回饋行動，讓施恩的人難忘，讓感恩的人受惠。

中國古代有一句話說：「人之有德於我也，不可忘也。」意思是「別人如果對我有恩惠，我一定不可以忘記！」

小女孩有感於阿媽的恩情，不但不忘記，而且以行動表達自己的謝意與感恩！這是非常難得的。

我們從小到大，受過父母的撫養，或受到祖父母的照顧，或是親戚的恩情，或甚至鄰居、師長的幫助，我們可曾銘記在心、伺機報答？還是以為一切都是理所當然的？別人是欠我的？他們是來還債的！

感恩是一種良性循環：我做一個感恩的人，我的子女就會是一個感恩的人；我記得人的恩惠，我的子女就會記得我的恩惠。感恩是優良傳統，更是傳家之寶，一個會感恩的人，就沒有變壞的可能。

讓我們和我們的子子孫孫都能做一個感恩的人。

仙洞長又長

鑽進隧道裡，感覺一股沁涼，甩開外面的烈日炎炎，這裡是一個長長的仙洞。

仙洞裡照明清朗，車速如風，尋仙者不乏其人，幾部車子前後跟著。

這是雪山隧道。

從一進來到出隧道，恍如隔世，又如無盡的長夜。有人計算著時間，有人注意沿途的距離標示，總之，是一次充滿刺激的冒險之旅。

如果有人要問時光隧道是怎樣的？雪山隧道就是最好的例子。人進去以後，就會覺得自己迅速變老，因為時間走速變得很慢很慢；孩子則會迅速長大，聽！他們正熱衷地數著數兒呢！他們的年歲隨著數兒便悄悄地長大了！

雪山隧道從新店坪林到宜蘭頭城，鑽進去、再鑽出來，就到了。以前舟車勞頓，

九彎十八拐才能到達的宜蘭，如今只如探囊。

據說，這是亞洲第二長的隧道，第一長是中國大陸的秦嶺終南山隧道。雪山隧道前後花了十五年才開挖完成，在建築的過程之中，因為工程格外艱難，勞工們多積勞成疾，或是多日不回家，造成家庭問題；有的甚至遭逢意外，被湧出的大水吞噬，或是被巨石壓死，甚至被機器絞死。共有二十五人因此隧道喪生。

當我們舒適地坐在車裡，踩著油門向前行駛時，想到的是所有企劃者、領導者、勞工的心血與汗水。他們一吋一吋地開挖，我們則以風的速度前進；他們反覆測試隧道安全，唯恐造成交通危險，我們則完全不需多加考慮，甚至還可以一邊聽音樂、一邊享受馳騁的快感呢！

這正是「前人種樹，後人乘涼」，我們踩著前人的足跡向前行，他們的辛勞成為我們的歡樂，他們的血汗造就今日的便捷。

一山之隔，兩種風景。新店坪林這端山巒疊起，宜蘭頭城那端則是闊野平疇，兩種景致，帶給人兩種心情，若要旅遊，這是個不錯的路線，綜合兩種景觀，山林田野盡收眼底。

感謝那些無名英雄的奉獻，因為他們，我們才有今日的雪山隧道，這長而又長的仙洞。

踢踢踏

踢踢踏，踢踢踏。給我一雙小木屐。
踢踢踏，踢踢踏，踢踢踏，踢踢踏，踢踢踏，踢踢踏
給我一雙小木屐，讓我把童年敲敲醒，像用笨笨的小樂器。
從巷頭到巷底，從巷頭到巷底。
踢力踏拉，踏拉踢力，踢力踏拉，踢力踏拉

……………………………………

童年的夏天在叫我，去追趕別的小把戲。
……………………………………。

詩人余光中寫他小女兒穿著木屐在巷子裡走來走去的聲音與景象，非常傳神好聽。

經過多年，余先生已經年逾八十，他的小女兒都已經是成人了。但那首可愛的小詩仍然在多少孩子的童年裡響起，那清脆可愛的聲音不曾隨風而逝。

今年的冬天又濕又冷，老人小孩鮮少出門。但那天，陽光終於露臉了，大地立刻有了生氣。

我陪著一對母女走過公園小路，冬天的尾巴特別陰冷，滿地是落葉，一片蕭索。低頭看，才下過雨，處處是小水窪。

小女孩才一歲多，顫顫的步伐卻顯得那麼勇敢，她執意去探索春天。只見那雙小腳丫左踏踏、右踏踏，踩踩枯葉，踢踢樹枝，聽聽那清脆的聲音迴響在空中。

經過小水窪，頑皮的小腳也不忘去踩踩看，只見水花濺起、落下，又形成另一圈小水窪，一個又一個，像極了好吃的甜甜圈。

一個新生命遇見春天，該是充滿興奮與期待的。眼睛所見、手腳所及都是新鮮而美好的經驗，每天都有新的發現、新的喜悅、新的感動。

何不也讓我們回轉成為小孩子，執意探索這個世界，發現生命的美好？

生命是一種重量

放眼看看身旁的大自然，不難發現有許多「重量」。雪的重量將松枝壓低，水滴的重量使雲朵陰沈，稻穗的重量使稻穀垂首。當我們身處其中、細細欣賞時，心裡充滿的是無法形容的歡愉。

看看我們周圍的人，書本的重量在學者的手裡，竟覺得輕如鴻毛；上菜場買菜那青菜魚肉在家庭主婦的手裡多麼沈重，卻使她覺得家庭溫暖；有了妻子、孩子的爸爸天天認真上班，肩頭是重了，但心底是快樂的。

而在這一切的「重量」之中，生命的成長是特別動人的。

看一個只不過盈握的小嬰兒，漸漸地長大，他在母親懷裡的重量逐漸增加，直到重得幾乎使她喘不過氣來，她仍想抱他，仍想擁他在懷中親吻。

為什麼？因為愛。

孩子的重量是孩子對你的全部信賴。他知道，他只要在你身上，就不必擔心餓著或是著涼。外面世界的風雨與混亂與他毫不相干。

孩子的重量也是孩子對你全部的愛，從他在母親的腹中開始，他就愛聽母親心跳的頻率，愛聽母親講話的聲音，愛聽母親喜歡聽的音樂。凡屬於母親的一切，他都喜歡。

那重量也是孩子一天的倦怠。玩累了，一切的擺動跳躍、歌唱喊叫，都停下來了，他把自己全然交給你，好治癒他的疲勞，等睡醒一覺以後，他又是生龍活虎。

直到這孩子一天比一天沈重，媽媽的手臂終於是抱不動了，嬰兒變成幼兒、幼兒變成幼童、幼童變成兒童，他這才漸漸離開母親的臂彎，邁向獨立。

就像是瓜熟落地，當孩子長得夠大了，他就不再需要你捧著他、抱著他了。他要自己走、自己跳、自己穿衣、自己穿鞋。他要享受獨立的自由。

那時，做母親的，若還想要擁抱那奇特的「生命的重量」，享受那甜蜜的感覺，就不太可能了。

地心引力使生命中許多美好的「重量」成為難忘的經驗。生命中不能承受之重，那「重」正是上帝的恩典，是人想也想不到的、不配承受的，且讓我們謙卑領受。

回家吃晚飯

他和我情如手足，當我知道他的爸爸忽然間暴斃死亡時，不覺得哀傷，倒是為他鬆了一口氣。這些年，他父親的存在一如夢魘，動不動就抽打他們，只伸手要錢，從來不曾拿錢養活他們。

喪禮當天，他的媽媽忽然間出現了。這在他們記憶裡已經消失的媽媽，竟然如幽魂般現身了。我記得他以前跟我提過，媽媽是被爸爸打跑的。

他媽媽把他們三姊弟擁來時，三個人面目呆滯的表情像是一張紙。孩提時代、青少年時代，他們從不知親情何物；媽媽是失聯的、爸爸是虐待人的，他們每天都怕的事就是「回家」。

媽媽說，以後，媽媽來照顧你們了。你們不要怕！

他們甚至連謝謝也不會說。只覺得一時之間轉不過來。別人家都是有爸爸、有媽媽的，而他們不是沒有媽媽，就是沒有爸爸，一切都奇怪得很正常。

接下來的日子，媽媽真的搬回來了，大包小包地，三個孩子覺得頗不習慣，他們不習慣家裡還有個大女生。而這個「媽媽」真的開始打掃家裡，在廚房裡煮飯了，他們三個人都不敢相信他們的眼睛。

第一次晚上全家人坐下來吃飯時，他告訴我說：「我想逃走！」，因為家裡就從來不是一個可以安心「坐下來」吃飯的地方，他們三個人面面相覷了許久，根本不敢動筷子。那天晚餐的菜後來裝在便當裡，變成他們三個人第二天的午餐。

生活變得受拘束了，因為媽媽要他們「回家吃晚飯」。他跟我說，他根本不想回家，但是有媽媽在家的感覺還不錯，至少不用自己洗衣服了！

從那以後，這個大男生的襯衫是香香的了。

我常想，每個人的家的意義都不一樣。對他，以前是個「地獄」，現在是個「監牢」，因為他們一向自由慣了，他們喜歡自己過活，自己決定一切，放學之後可以混到多晚都行。但現在有人管了，太晚回家，會有人在客廳等著，而且顯得非常著急。這使他們不敢那麼自由了。

因為有人叫他們「回家吃晚飯」！

黑人達文西

美國黑人科學家喬治・華盛頓・卡佛，生於一八六四年，卒於一九四三年，是美國教育家、農業化學家、植物學家，他也是第一位進入愛荷華州立大學並取得農業碩士學位的黑人。

他從事農業研究，非常有果效，對當時的社會貢獻極大。他從地瓜與花生裡提煉出三百餘種副產品，包括塑膠、染料、醫藥、麵粉、奶粉、木料塗漆及肥料。人們給了他「黑人達文西」之美稱。

據說今日我們常吃的花生醬就是他重要的發明之一。

有一次，一個農夫懊惱地去找卡佛先生，說他種的花生生病了，怎麼弄都沒辦法，想請他去給花生治病。卡佛一聽，立刻允諾，他一向熱心助人，於是啟程前往

農夫的田地。

卡佛整整在那個農夫的花生田蹲了兩個整天，他一邊思考、一邊研究，最後，他終於找到了花生生病的原因了。

第三天，他把治花生的方法告訴了農夫，農夫高興得什麼似的，隨即按著卡佛的方法去做，果然，花生全都救活了，農夫再也不用煩惱了。

農夫感念卡佛的幫助，特地寫了一封感謝信去給他，隨信還附了美金一百元以為酬謝。

卡佛接到了信，打開看了之後，不假思索，就把信和錢一起寄回去給農夫。

裡面他還寫了一封回信，信上說：

「上帝叫花生生長，一毛錢也不要；我給花生治病，當然也不能要錢！」

卡佛就是這樣敬畏上帝，雖然他智慧過人，但是，他非常知道生命的源頭在上帝那裡，若不是祂賜福，人什麼也不能做。

人間最美的詞彙

這是人與人之間最美的詞彙——「謝謝！」

你送給我一朵花，我謝謝你。你送給我一段美好的回憶，我謝謝你。

中國古代的《詩經》裡就有這樣一段美麗的互動，作者寫著：

「投之以桃，報之以李。」

是的，在人與人相處之間，在一來一往之間，講究的是互敬互愛，注重的是情義心意，衷心地向對方說一句「謝謝」，那就是最好的回應，勝過千言萬語。

在忙碌匆促的生活節奏裡，如果有人對你好，有人幫助你，別忘了對他說一句「謝謝」，畢竟人人生來是如此獨立而自主，沒有人「應該」為你做什麼，一切都不是理所當然的。

我們生於天地之間，以腐朽之軀，以短暫之命，以平凡之質，竟能受人恩惠、被人扶持，其實，有時想想，覺得自己實在是不配，實在是「受寵若驚」。

年幼時，有父母的褓抱提攜；年長後有師友的訓勉砥礪；之後，有了自己的家庭，又有配偶的恩愛幫助。人生各個階段，按著我們各人的需要，周圍的人總是豐富地供應，如果我們只是一味地接受，不知道感恩，更不知道回饋，那麼就枉費別人的一番心意了。

做一個被寵壞的小孩，或是一個懂事的大人，其實，只在那一念之間，那個意念就是「謝謝」。

最後，別忘了，當我們對人說「謝謝」的時候，也要記得謝謝所有愛心行動的幕後導演，那就是掌管萬有的上帝。是祂的愛包圍你，是祂的恩澤護庇你，是祂仍將生命的氣息賜給你，因此我們可以自由地徜徉在愛的海洋裡。

輯三

幽默

一個穩得勝的人，必定是個幽默的人。
隨時隨地幽自己一默，世界沒有改變，困難沒有減少，但是你的心境卻因著幽默感而鬆開了。
我想，如果我們隨時隨地有高級幽默感，就沒有人能冒犯我們了。

一匹驢子踢了你

蘇格拉底是古希臘有名的哲學家，他對許多事情都有不凡的見解。

據說，有一天，他和他的老朋友正在雅典城裡散步，突然間，有一個年輕人用棍子在蘇格拉底的背後打了一下，打了以後，蘇格拉底還是面不改色，繼續向前走，好像什麼事都沒發生過一樣。

倒是與他同行的朋友把那一幕看得一清二楚，他握起拳頭，預備打抱不平，要去追那個無禮的年輕人，為蘇格拉底出口氣。

誰知，蘇格拉底一把拉住了他，向他眨眨眼，意思是：「算了！算了！別再追究了！」

過了一會兒，朋友的怒氣好不容易消了下去，他忍不住問蘇格拉底說：

「怎麼？你怕事啊？」

「怕事？我一點也不怕！」蘇格拉底從容地答道。

「那為什麼人家打你，你不但不還手，連追究都不追究呢？」朋友想起來，還是氣呼呼地。

蘇格拉底聽了，笑了笑說：

「老朋友，你連這個道理都不懂嗎？難道說，一匹驢子踢了你一腳，你也要氣呼呼地還牠一腳嗎？」

老朋友這才明白蘇格拉底的想法，原來他不生氣，是因為他根本不把對方的攻擊放在眼裡，他已經從「以牙還牙，以眼還眼」的復仇漩渦中超脫了出來，怪不得他凡事可以處之泰然、從容不迫。

老朋友自此對蘇格拉底的處世哲理甘拜下風。

人與人相處，貴在彼此尊重。若有人出手攻擊，或是言語攻訐，表面上是占了上風，事實上是「贏了面子，輸了裡子」，反而會被人譏笑。

蘇格拉底的「驢子說」令人發噱，卻一針見血地道出了人際關係的相處祕訣。

我就是「句號」

美國總統艾森豪曾在一個晚上，受邀在一場集會上演講，在他上台之前已經有五位先生演講過，每一位都發表長篇大論，說得又長又多，令人生厭，大家心裡已經十分浮躁。

輪到艾森豪上台的時候，集會已經接近半夜了，大家都哈欠連連。大家心裡這時候都想著，艾森豪總統的演講會不會也像前幾位那樣，「老太婆的裹腳布又臭又長」，大家以疲乏的眼神望著艾森豪總統上台，充滿了無奈。

艾森豪總統緩步走到麥克風前面，說：

「我們寫文章的時候，都必須使用標點符號，而標點符號裡有一種叫做『句號』，在每個句子的後面都會有個句號，所以，今天，我就算是個句號吧！」

他說完，就立刻離開講台，走回原來的座位。

艾森豪總統這種簡短的演講方式，博得大家一致的掌聲，當場歡聲雷動，人人原來臉上的疲倦都不見了。

歷史上有許多偉人的演講，也有慷慨激昂、氣勢懾人的，但是，艾森豪總統這一次的演講卻留給後人非常、非常深刻的印象，因為他很懂得人們的心理，當大家都很累的時候，就別再疲勞轟炸了！

丈夫與妻子之間，父母與孩子之間，有時真的需要這種「句號」的體貼與智慧。當丈夫累了一天回到家時，當孩子已經念了一整個晚上的書，當妻子徹夜照顧孩子沒睡好時，當孩子才從補習班下課時，當別人已經筋疲力盡，我們就別再嘮叨了。「碎碎念」讓自己討人厭，也得不到效果，何必呢？

當此時刻，不妨臉上帶著微笑，直接做個「句號」就好。

醜公主要嫁人

戰國時代的齊國有一個牛肉專賣店的老闆，叫做屠牛吐，齊王一心想把女兒嫁給他，而且還答應說，如果他願意娶公主的話，還奉送許多金銀財寶作為陪嫁。

這麼「好康」的事情臨到屠牛吐，可羨煞了他的朋友們，大家都說屠牛吐要走運了，國王要招他為駙馬爺，天下有什麼比這個更好的？

但是，屠牛吐卻再三推托，一會兒說自己太忙，一會兒又說自己病了，反正就是不願意。

後來他的朋友們真是看不過去了，就責怪他說：

「屠牛吐啊！你想一輩子待在這個腥腥臭臭的牛鋪子裡啊？國王主動要把公主嫁給你，你還不要？你是不是腦筋有問題啊？」

這時，屠牛吐才說出他的真心話：

「我之所以一再推託，實在是因為那公主長相醜陋啊！」

大家一聽，都露出不解的表情，問道：

「你又沒見過公主，怎麼知道她很醜？」

「這你們就有所不知啊！憑我殺牛的經驗就知道，如果我賣的牛肉好，按斤秤兩賣給客人，客人還搶破頭；但是，如果我賣的牛肉不好，我就是隨肉奉送再多的贈品，人家也不要啊！從這個道理可以知道，齊王一心想把女兒嫁給我，又奉送許多金銀珠寶，一定是因為公主很醜，嫁不出去啊！」

朋友們聽了這話半信半疑，後來大家有機會見到齊王的女兒，才發現屠牛吐說的話一點不假，那位公主真的長得很醜！

屠牛吐的確是聰明，他自己賣牛肉已經很有心得：好的，大家搶破頭；不好的，就是送給人家，人家也不要啊！

冰淇淋這麼來的

那是將近兩百年前的事了。美國總統麥迪遜有一天請貴賓吃飯，為了表示他的誠意，他特別請他的專任廚師做了她最拿手的牛奶蛋糕招待客人。

廚師小心翼翼地把特製蛋糕做好以後，本想立刻送上桌，讓主人和客人同歡，但是，因為蛋糕太燙，她便猶豫了一下，然而，她一轉念，想到一個可以急速冷卻的方法，就是把蛋糕放進冰箱裡。

蛋糕就這樣送進了冰箱，廚師又去忙別的菜了。等她再想起來的時候，打開冰箱一看，糟了！蛋糕變成了「凍糕」，整個蛋糕都凍成了冰，但是，總統那邊又催得緊，她也無法再重新做一個蛋糕，只好硬著頭皮送出去。

總統看見送上來的是一個冰凍了的蛋糕，整個臉垮了下來，又見到廚師用力切蛋

糕的模樣，心中一股莫名火便燃燒了起來。

總統下令把廚師關起來，理由是故意破壞主人宴客。在場的人包括賓客或是僕役都不敢多說一句話，只有總統夫人，看著那個凍成了冰的蛋糕，覺得好奇，就拿了一片嚐嚐，誰知道，她卻驚叫起來，說：

「大家來嚐嚐！好吃啊！好吃啊！比蛋糕還好吃啊！」

總統黑著臉試吃一塊，嗯，果然不錯，緊繃的肌肉這才鬆了開來，接著，臉上逐漸有了笑意。後來，客人吃了也直豎大拇指，於是大家你一塊、我一塊地，都覺得是難得的美味，就這樣，凝重尷尬的氣氛才一反變為歡喜愉快的氣氛。

廚師自然是被放了出來，還得到總統特別的獎賞，總統特別說：

「以後啊，請客人吃飯，妳就做這種冰凍的蛋糕！真好吃！」

這就是冰淇淋的由來，是廚師一個不小心造成的，結果成為兩百年來人們最愛的甜點。也許人間有許多事情就是這樣發生的，無心插柳柳成蔭！

「年高德劭」一蜉蝣

十八世紀著名的政治家和發明家富蘭克林寫過一篇名為〈蜉蝣〉的文章，其中以擬人法表現蜉蝣生命之短暫、看見之膚淺，讀來令人莞爾。

他寫的這隻蜉蝣已經「年高德劭」，在牠「輝煌」的晚年，牠發表了牠對人生的看見。

牠說：「在我們族裡，有許多博學之士早就說過，眼前這個世界絕對不可能持續超過十八小時。我覺得牠們的想法的確有幾分道理，不信你看看太陽，太陽已經漸漸落下去了，眼看就要沈入海底了，可惜這供養大地生命的光體，就要永遠消失了，留給世界無盡的黑暗與陰寒，說不定還會引起全球性的死亡與毀滅呢！

「我已經活了七個小時，整整四百二十分鐘，這可算是人瑞了呢！在我們族裡，

像我這麼長壽的還真的沒有幾個呢！我看著一代又一代出生、成長、死亡，我年輕時的朋友早就死了，現在牠們的兒孫成了我的朋友。

「但我想，我很快就會走上那條路的。雖然我現在很健康，然而根據自然的規則，我想我最多只能再活七、八分鐘。想想，我現在這麼努力在葉片上吸取甜汁，有什麼用？我以後根本享受不到。這一生為了讓同胞們繼續生存，我在政治上做過多少努力！為了我們族人的整體利益，我做過多少哲理研究！……但是我們的蜉蝣族，過不了多久，就會全部毀滅的。唉，在哲學上，我們的進步是多麼有限！啊！藝術長存，而生命短暫！我的朋友們常安慰我說，我一定能夠留名青史的，但是，對於一隻死去的蜉蝣來說，名聲又有什麼用呢？況且，這個世界十八小時之內就要消失，那一切還有意義嗎？」

蜉蝣人瑞的高論的確很有道理，但也令人發噱。何等短淺的看法啊！只因為自己的生命短暫，就以為整個世界也即將面臨滅亡！

根據研究，蜉蝣這種昆蟲的生命只有幾小時，從幼蟲到亞成蟲、到成蟲，交配以後不久就會死亡，可謂「朝生暮死」，是一種相當「短命」的生物。

作者藉由一隻老蜉蝣的現身說法，提出他對生命的企盼與無奈。事實上，我們的情況不比蜉蝣好太多，人生在世，數十寒暑，較之永恆，誠如一瞬，如何面對永恆、投資永恆，或許老蜉蝣的嘆息能給我們些許啟示。

我的女兒該嫁給誰

據說古代的歐洲有一位國王，他的女兒羅患重病，命在旦夕，群醫都束手無策，國王只好昭告天下，有誰能夠治好公主的絕症，就把公主嫁給他。

有兩兄弟對公主都很愛慕，聽到了這個消息，躍躍欲試，但是，他們兩個人都深深知道除非兩個人合作，否則無法救公主一命。

為什麼呢？因為到皇宮的路途非常遙遠，公主可能隨時會死，所以必須爭取時間，而哥哥有一張魔毯，必須借助這張魔毯，否則不可能及時到達。

但是，就算是及時趕到皇宮也沒有用，因為除非借助弟弟手裡那個神奇的蘋果，否則公主的絕症還是不能治癒。

兩兄弟商議好了，就出發了。

他們以迅雷不及掩耳的速度飛到了皇宮，弟弟獻上神奇的蘋果，國王非常高興，立刻讓公主服用，奇妙的事情真的發生了，公主起死回生，從床上坐了起來，原來蒼白的臉蛋，恢復紅潤，國王立刻下令舉行宴會，要冊封駙馬。

但是，問題來了，公主只能嫁給一個人，現在有兩兄弟，該嫁給誰呢？

國王絞盡腦汁，不知道該怎麼辦，請來國內最智慧的高士們來討論，最後才得到了結論。

宴會上，在眾人的引頸盼望之下，國王終於公布了答案——公主未來的駙馬是弟弟！

為什麼呢？因為哥哥的魔毯固然有功勞，但是，公主病好了以後，他仍然保有他的魔毯；但是，弟弟呢？他獻上了他的蘋果，已經一無所有了。

國王的抉擇顯出他的智慧，但哥哥也願意禮讓，這才成就了這段佳話。

原來兄弟之間的情義就是這樣的：我看見你擁有幸福，就等於我自己擁有幸福一樣！

禁酒妙方

據說法國西部有一個小城，城裡的人都有非常愛喝酒，所以，警察局裡天天有處理不完的糾紛麻煩，不是有人酒醉鬧事，就是有人酒醉殺人，政府當局頭疼得不得了。

每一位上任的政府官員覺得最棘手的就是百姓嗜酒這件事，他們想遍了所有的辦法，想遏止大家喝酒，例如加重刑罰，凡事酒後鬧事的必重罰；或是增加酒稅，希望大家望之卻步就不喝了；或是禁止私釀，強硬規定百姓不准私自釀酒，甚至禁止市面上所有酒商賣酒。

但是，就是這樣，百姓還是一樣嗜酒，而且似乎在重罰與重稅之後，他們更嗜酒如命了。政府官員絞盡腦汁想出來的方法完全失敗，他們只有一一辭職謝罪。

後來，有一位非常有智慧的人來到這個小城任官，他看見城裡處處有酒醉的人顛三倒四地走路，監獄裡囚禁的也是酒醉鬧事的人，他什麼也沒說，直到他到任的第二天，他頒布了一條命令，那命令不像過去無所不用其極地禁止人喝酒，相反地，他鼓勵人盡量喝酒。

那條出人意外的命令如此寫著：

「任何人在這個城裡喝酒，都可以不必給錢，免費請大家喝酒，乎乾啦！」

這條命令如野火般立刻傳遍了城裡每個角落，大家起初還高興地喝酒，後來，不出一個禮拜，城裡的人都不再喝酒了，因為他們再也買不到酒喝了！原來，所有賣酒的店家都拒絕賣酒了，他們堅決不賣酒，百姓自然沒得喝，也就不再有喝酒鬧事的問題了。

這位官員實在很聰明，有時候，嚴厲禁止一件事情，還不如開放之。逆向操作有時反而能解決問題！

皮鞋小提琴

帕格尼尼是義大利非常有名的小提琴家。

有一次帕格尼尼舉行作品發表會，所有參與的人都陶醉於他那神乎其技的高超藝術裡。發表會中場休息的時候，有一位觀眾要求帕格尼尼說，想看看他那把小提琴，他懷疑是不是帕格尼尼的小提琴暗藏玄機，不然為什麼他演奏起來那麼好聽。

帕格尼尼大方地答應了，把小提琴拿給他看，那個人看那小提琴實在沒有什麼特別之處，正覺得奇怪的時候，帕格尼尼得意地對他說：

「先生，別看了，我這把小提琴和別的小提琴其實沒什麼不同。事實上，隨便什麼東西，只要在上面裝上弦，我都可以演奏！」

那位觀眾一聽，靈機一動，看見自己腳上的鞋，就問帕格尼尼說：

「那麼如果把我的這雙皮鞋裝上弦，你也能演奏了？」

帕格尼尼信心滿滿地說：「當然可以！」

於是，那人把腳上的鞋脫下來，遞給帕格尼尼。帕格尼尼就在皮鞋的鞋底釘上幾個鐵釘，把弦裝上，把鞋子像小提琴那樣舉起來，開始演奏。

說也奇怪，頓時一縷優美的音樂從鞋底響起，帕格尼尼掌握那只鞋子，就像掌握小提琴一般熟練。大家聽得癡迷，自然地把雙眼閉上，竟沒有人感覺到那是一只皮鞋做的小提琴。

從此以後，帕格尼尼的名聲就更加響亮了，因為他不但能演奏小提琴，還能演奏皮鞋製作的小提琴。

上帝給於我們每個人都有特殊的才能，帕格尼尼只是把它發揮到極致罷了。唯願我們每一個人都能細察上帝的用心，加以善用經營，必能有一番作為！

輯四

知足

一個穩得勝的人，必定是個知足的人。

一個知足的人所表現出來的就是無比的氣度，因為天地已經在他的胸壑之間，他已經擁有一個滿足的宇宙，夫復何求？而「無欲則剛」，他不再需要什麼，也不再索求什麼，這樣的人，走到哪裡都是雍容大方的。

把快樂和睡眠還給我

拉封丹是法國著名詩人，生於一六二一年，卒於一六九五年，以《拉封丹寓言》留名後世。

有一則〈鞋匠與財主〉講到金錢與快樂的關係，一刀見血，卻令人莞爾。

故事是這樣的：一個鞋匠從早到晚都在歌唱，他對自己的生活感到很滿足。他的鄰居卻相反，他是個財主，雖然有很多錢，卻常常怕被偷，他甚至把錢縫在衣衫裡。他很少歌唱，尤其缺少睡眠，有時候天色發白，他才朦朧入睡，這時，鞋匠的歌聲卻把他吵醒。

財主抱怨說：「上帝啊，睡眠為什麼不能像食物和飲料一樣，讓我可以在市場上買到呢？」這時，他聽見隔壁鞋匠的歌聲，於是派人他找來。

財主問他：「哎，先生，你一年賺多少錢？」

「一年？」快樂的鞋匠說：「大人哪，說實話，我從來不算我的收入。而且，我也不是天天為了賺錢而工作，我只是每天掙錢餬口，過一天算一天罷了。」

「那麼，告訴我，你一天能賺多少錢？」財主還是關心錢。

「有時多一點，有時少一點，但是倒楣的事總是不斷，要不然我賺的會更多。」

財主看到鞋匠這樣樸實，就笑了，說：

「我今天要讓你像當上國王一樣。來，把這一百埃居（法國古幣名）拿去，好好地存起來，將來你會用得著的。」

一百埃居！這可不是個小數目啊！鞋匠的眼睛都亮了起來！

他回到家裡，把錢藏在地窖裡，但，他不知道，他也同時把他一向擁有的快樂給埋葬了。

自從他得到了那筆錢，便天天發愁，想著以後該怎麼用這筆錢；不然就是提心吊膽，怕有人把錢搶去。他的歌聲消失了，好睡眠也離開他而去。有時，夜裡貓咪弄出一丁點聲音，他就以為連貓咪也在偷他的錢。

最後，這個可憐的人終於是幾近瘋狂，他跑到財主家裡去，對他說：「把我的歌聲和我的睡眠還給我，把你那一百埃居拿回去！」

有時候，快樂不是金錢可以買來的；甚至是，有了金錢，快樂就消失了！

溜溜球魔力

史特林是個美國少年，幾年前，在西雅圖附近，他不經意地看到一些人在玩溜溜球，他整個人震住了，從那時開始，他迷上了溜溜球，從早到晚，球總不離手。每天他至少都要玩上四小時，長時間的練習之下，溜溜球的各種玩法，在他手足之間，已經是神乎其技。

只見他把玩著手中的溜溜球，隨心所欲地操弄，如圓舞曲之演奏，那麼流暢那麼優美。繞過大腿，轉了好幾個圈，滑過胸前，又劃過背部。球在他的身體四周飛來飛去，如同彗星飛行一般，那麼快速、那麼神奇，讓人目不暇給，卻從不會打結。

同年齡的孩子都沈迷於電動遊戲，並且不斷尋求新鮮刺激。但他，卻被這個古老的東西吸引。

據說，溜溜球這種玩具已經有兩千五百年的歷史了，僅次於洋娃娃。

想想歷世歷代有多少孩子摩挲過這個小圓球，這種古老的玩具永遠不退流行，孩子的好奇都是一樣的，他們可以從把玩這個小球裡得到快樂與滿足。

近幾年來，史特林常在各樣比賽中得獎，他得到的獎杯和獎狀不勝其數，「溜溜球高手」的美名不脛而走。

誰知道，史特林只是個十幾歲的少年哪！他自己也未曾料到一個小小的古老的玩具會帶給他生命這麼多的樂趣、這麼多的成就。

看來，小小玩意，卻有大樂趣！

不見得一定要買非常昂貴的、非常複雜的玩具給孩子，孩子在一陣興頭之後，常就是丟在一旁。真正能吸引孩子、滿足孩子的，常是非常、非常簡單的東西。

樂透大獎

這可是一件真實的事情，英國有一個身患重病的男子意外中了樂透大獎，獨得一千九百萬英鎊，換算大概是一億兩千兩百多萬台幣，但他說，如果可以多活幾年，他寧可不要中獎。

他五十八歲，以前是醫院的搬運工，他最近老覺得身體不適，經過檢查，醫師診斷他長了主動脈瘤，因此他被迫退休。醫生說，動脈瘤這種病，就像是身體的定時炸彈，他隨時可能死亡。

日前，他在拜訪朋友回家途中買了一張彩券，就這麼一張，他竟中了大獎！

許多人都羨慕他，以後可有好日子過了。不過他卻幽幽地說：

「我寧可用財富來換健康，因為這世界上最珍貴的東西，包括健康在內，都不是

錢可以買得到的。」

一個瀕臨死亡的人的看見是最透澈的，他能知道「什麼是最有價值的」，「什麼是一點用處也沒有的」！

他的日子是一天天地過的，多一天就賺一天，這時，若讓他有選擇權，他說他寧願要健康，也不要財富，因為金錢對他而言，是「一點用處也沒有的」！

當然，對我們這些並無絕症的人而言，我們可能會想：「財富也很好啊！我可以做很多事啊！我可以享受生命啊！」

一點都沒錯！金錢的確能辦到許多事。但是若兩者無法兼得時，健康還是比財富重要的！因此，如果我們能好好活著，那麼有衣有食就當知足了！發了財不見得就是一件好事！

想想看，如果生死在即，你要一億，還是要多活兩年？

平凡生活變稀奇

生活，由一連串那麼不起眼的生活組成。

早餐吃了什麼？穿什麼顏色的衣服度過這一天？與誰交談？做了些什麼決定？說日子如何，誰能說得上來？都一樣。沒什麼特別。

誰去注意天上的雲彩如何變換？遠處山巔上的夕彩何時消失？日子都一樣。有什麼稀奇？

直到有一天，忽然躺在病床上。

直到有一天，忽然必須倒著過日子。

直到有一天，忽然天地變色。

這才抬起頭來，注意到天色無一刻相同。

這才低下頭來，驚見一朵小花的燦然。

這才注意到，最親愛的人已經滿頭秋霜。

這才像小氣鬼一樣，斤斤計較自己的時光。這是夜裡了，星星一顆顆升起。這是黃昏了，路上行人的腳步怎麼那麼匆忙？清晨如鑽石般珍貴，午后的靜謐如雙手捧起的水珠兒剔透。

這樣的日子我為什麼不曾過過？我還如此年輕，竟覺得自己白髮蒼蒼？環顧四周，我可曾真正活過？這個世界何曾如此逼真？時針滴答滴答地，竟叫人不知所措。

生命啊！生命！生命由每一天的生活組成，而我們是那麼漫不經心地活著。覺得這生命好像是別人的作品，因此可以隨便塗鴉。或老覺得這天地久久長長，何必兢兢業業？或是壓根兒蠻不在乎，又怎麼樣？或者偷偷問一句：「誰真的在意我的存留？」

創造生命的那一位，祂在意。祂時時刻刻定睛在我們身上，祂愛祂所創造的每一個人，祂甚至願意付上祂自己生命的代價，只為了要我們活得像「一個人」！

只是，誰知道呢？誰領情呢？

生命，由一連串不起眼的生活組成。早餐。穿衣。談話。決定。

但是，當我們的生命領略造物主的祝福時，一切的平凡都變成了稀奇，一切的稀奇都變成了神蹟。

孩子眼中的寶貝

曾經看過一篇文章，其中提到大人以為的垃圾，很可能是孩子眼中的寶貝，尤其是容器。孩子們喜歡所有的容器，各種各樣的容器，大的小的，方的圓的，好像容器對他們而言，有一種特殊的吸引力，他們可以把自己喜歡的東西放進去。

除此之外，容器還容許他們倒出來又倒進去。不信，試試看，一個不起眼的容器就足以讓一個小小孩忙上一陣。

他們喜歡把東西倒出來、又倒進去，倒進去、又倒出來。有一本書，書名是《媽咪，我們今天玩什麼？》其中作者主張父母應該自己做教具和玩具，使用手邊可以找到的資源製作孩子的教具或玩具。這樣做不但充分利用資源，還可以啟發巧思，此外，還可以隨時修正、修改。最後是若是孩子真的玩膩了，或是玩丟了，也不至

於造成浪費。

例如，不要的盒子（餅乾盒、牛奶盒）、鈕釦（注意大小，以免太小的孩子吞食）、塑膠瓶（飲料瓶）、包裝紙和緞帶（從禮物上拆下來的）、卡片（生日卡片、聖誕卡片皆可）、絨毛球、裝飾品等等，我們覺得多餘的東西，在孩子的眼中都是有趣的、好玩的。他們看世界的眼光和我們大人是那麼不一樣。

我自己就有這樣的經驗，我收拾了家裡，準備丟垃圾時，被三個孩子看見了，眼尖的他們立刻看見了他們喜歡的東西，衝過來，祈求我不要丟那些東西，因為他們要！

其中預備丟掉的舊髮帶竟是他們的最愛，他們用來綁動物玩具，帶著走，假裝是他們的寵物；不然就用來練習打蝴蝶結、打平結；或是綁在自己的腰間，因此可以把劍帶在腰間，或是把洋娃娃背在身上。

我不禁思索金錢與快樂之間的關係不見得是成正比的。有時，不費一毛錢，也可以得到大快樂。有時，大人以為的垃圾，可能是孩子眼中的寶貝！

生命的滋味

每次逛超級市場或是百貨公司，徐徐地在各式櫥架前瀏覽，我都覺得那是一種了不起的幸福。

那幸福不單是物資豐富而已，那是一種生活的滿足。你知道人間還有許多可愛而美味的東西等著你去享用；你知道你可以讓你所愛的人更愉快；你知道你的家庭可以更整潔、更溫馨；你更知道，如果上帝允許，你的生命裡還有春夏秋冬，按著祂所設計的，你會品嚐到生命美妙的滋味。

有一次，我在街上看見幾件男士襯衫，式樣顏色都十分帥氣，我挑了好一會兒，終於選中一件直條紋的，我歡喜地捧回家，讓丈夫穿上，我不能形容當他穿上，站在鏡子前面時我心底的感受。

那不是三、四百塊錢的事，那是一種無價的快樂。

妳知道妳的丈夫愛妳，且樂意被妳所愛，一件薄薄的襯衫，便是夫妻生活中甜蜜的滋味。

生活中，有時，一項工作完畢，我會獎勵自己，買一朵含苞的玫瑰放在桌前；黃昏時分，趁去郵局之便，我便故意繞路而行，欣賞夕陽的餘暉；有時夜半醒來，索性促膝讀書，看窗外的星星一顆顆隱去；諸事繁雜，我便到天台去，望幾回天際雲霧變幻，心胸便開闊無礙；偶閒的午後，造訪海洋與山巒，優游其間，沈思默想，便是靈性一大滋潤。

總覺得現代人太忙，以至於喪失了品嚐生活滋味的機會。成就績效是第一，獎杯獎牌滿屋裡，但現代人總覺得心裡少了點什麼。

喝咖啡是隨身包，吃消夜是速食麵，早餐在麥當勞解決，午餐交給隔壁的便當店，晚餐則在與人交談中囫圇下肚。天天如此，月月如此，偶有的假日卻也在混亂與昏睡中度過。

說現代人的生活是一柄枯葉毫不為過。乾澀、龜裂、灰暗、毫無生氣。我常在想，這樣的人生可有意義？

工作是必要的，但當剝削自己，只剩下基本飲食需求時，我想那並非上帝的心意。

我們不需要讓自己先成為「拼命三郎」，然後又倒下去變成「植物人」。何不讓自己穩穩當當地努力，從從容容地工作，總是遊刃有餘，總是仰望上帝。

一位住在日本的朋友告訴我：

「日本的老太太尤其會享受生命，一陣風吹來，她們會深深地吸一口氣，然後，發自心裡讚美說：『好舒服啊！』」

我們能不能在一陣風裡品嚐我們生命的滋味，體會造物者的美意呢？

豬肉頌

蘇東坡，宋朝大詩人，儘管他的文章詩詞千古傳頌，他在當代卻是個屢遭貶抑的倒楣官員。

蘇東坡，字子瞻，號「東坡居士」，眉州眉山人，就是現在的四川人。他四十三歲時，發生了著名的李定「烏台詩案」，其實，整個案子非常簡單，就是有幾個有心人曲解蘇東坡的詩，說他譏刺朝廷，對皇帝不敬，因此定他有罪。因為這件事蘇東坡被關進監獄，還差點送了命，他的弟弟蘇轍為了救他，自動貶職以為贖罪，蘇東坡才保全一條命，第二年他就被貶至黃州。

但他樂觀積極的人生態度並未因此更改，他還是與田父老野縱遊山水，閒來還研究烹調。從林語堂所著的《蘇東坡傳》中，我們可以知道蘇東坡食譜裡的東坡肉、

東坡魚，基本上就是用醬油文火來煮，這是他被四處流放時，因為想念家鄉四川，而改良的家鄉菜。

蘇東坡在口齒留香之際，他還特別將「東坡肉」的烹調方式仔細寫下來，這篇文字竟不像食譜，卻像生活小品文，題目就是〈豬肉頌〉：

淨洗鍋，少著水，柴頭罨焰不起。待他自熟莫催他，火候足時他自美。黃州好豬肉，價賤如泥土。貴人不肯吃，貧人不解煮。早晨起來打兩碗，飽得自家君莫管。

蘇東坡說，煮肉可一定要有耐心，火不能大，要用小火慢慢地煮，等煮爛了，就是美味。

蘇東坡不認為自己是貴人，因為他並未有家財萬貫；但他卻也不是貧人，因為他會烹調，他不是一般的貧人。

他自許是一個閒人，一個自給自足的閒人。喜歡吃豬肉，就自己煮來吃，也不必靠別人！愛吃幾碗就幾碗，誰也管不著！

蘇東坡究竟捲入了什麼案子，他究竟為什麼被貶，經過濤濤歷史長河，都已經不重要了，但這首〈豬肉頌〉還在，東坡肉還代代相傳，他的詩詞文章仍震古鑠今！

最令人難忘的是蘇東坡樂天知足的人生態度。面對貶抑，卻不自暴自棄；面對流放，卻甘之如飴；遭遇苦難，卻仰天長嘯；被人陷害，仍昂然放歌！

蘇東坡不爭一時，他爭一世。千古見證，昭昭光耀！

今天我們每逢吃這道「東坡肉」時，緬想他的灑脫樂天，也是另一種人生的滋味吧！

東坡羹頌

除了豬肉頌之外，蘇東坡還有一篇文章，專門講到他個人經年烹調所得：一種特別的素菜羹，豬肉有豬肉的美味，但有時也需素菜來配搭，才不失為養生之道。這篇文章寫著：

東坡羹，蓋東坡居士所煮菜羹也。不用魚肉五味，有自然之甘。其法以菘若蔓菁、若蘆菔、若薺，揉洗數過，去辛苦汁。先以生油少許塗釜，緣及一瓷碗，下菜沸湯中。入生米為糝，及少生薑，以油碗覆之，不可觸，觸則生油氣，至熟不除。其上置甑，炊飯如常法，既不可遽覆，須生菜氣出盡乃覆之。羹每沸涌，遇油則下，又為碗所壓，故終不得上。不爾，羹上薄飯，則氣不得達而飯不熟矣。飯熟羹亦爛可食。若無菜，用瓜、茄，皆切破，不揉洗，入罨，熟赤豆與粳米半為糝。餘如煮菜法。應純道人將適廬山，求其法以遺山中好事者。以頌問之：甘苦嘗從極處回，鹹酸未必是鹽梅。問師此個天真味，根上來麼塵上來？

其中的意思是：

「東坡羹，就是東坡居士所發明的菜羹。不用魚肉五味，卻有自然的甘鮮美味。其法以白菜、蘿蔔，搓揉清洗幾次，以去除辛澀苦味。先以生油少許塗鍋，把菜下至沸湯中。放入生米，做成米羹、菜肉混和的食物，加上少許生薑，以油碗覆蓋之，不可碰觸，觸則生油氣，到最後全熟了才取下。

「放上蒸籠，如平時煮飯方法一樣，不可急忙。等羹滾沸了，遇油則下，又為碗所壓，故終不得上。飯熟時，羹也煮爛了。

「如果無菜，用瓜、茄亦可，皆切破，不揉洗。其餘的就和煮菜法一樣。有一位道士住在廬山，我請問他說：

『人都說苦盡甘來，但人間的鹹酸未必都是鹽和青梅造成的。敢問師父這甜酸苦鹹的天然真味，究竟是從大頭菜或蘿蔔的根上來，還是從塵世間來的呢？』」

蘇東坡烹調的祕訣在於，即使不用魚肉與五味烹調，卻仍有自然美甘。而且他所用的材料都是最便宜、最普通的，就如白菜、大頭菜，或蘿蔔，或荸薺，甚至瓜、茄子都行，鍋裡再加些米，去蒸，就是有名又好吃的東坡羹了。

文末，他提到的這個問題，其實，他這也是明知故問。他問：「這甜酸苦鹹究竟是從這些蔬菜的根部來呢？還是從塵世來呢？」

蘇東坡一生嚐盡了人間冷暖，酸甜苦辣都來自塵世，但他仍以問句的方式來表達，不能暢言，這恐怕也是另一種苦處吧！

蘇東坡有宰相之才（這是宋仁宗說的），卻屢遭貶謫，遠居瘴癘之地，至終還研究怎麼做湯飯，這是他的悲劇，也是全中國人的悲劇。但換個角度，我們看見蘇東坡仍以「頌」的形式來生活，簡單至極的素菜羹也能使他歡喜自得、津津樂道，如此熱愛生命、積極樂觀的態度，才是值得我們咀嚼思想的吧！

我要賺錢

金錢是萬能的，有了它，我們可以居住在豪華的住宅裡，出入有名貴的轎車代步，早晚有成群的僕人使女服侍照顧，生活無虞，心想事成。金錢真是萬能的，黃金、珠寶、鑽石、房產、地契樣樣都有；私人飛機、私人遊艇、私人花園、私人森林，都是你的；環遊全世界、著名大學的榮譽教授學位、躋身上流名人圈，心血來潮時，買個小島來做島主也不錯！

有了金錢，我們會覺得天底下沒有難成的事，那句話不是這樣說的嗎？「有錢可使鬼推磨」。

是啊！金錢的確是萬能的，但若我們仔細去觀察富豪們的生活，測量一下他們的快樂指數，我們會很驚訝地發現：金錢不見得是萬能的！

金錢並不是萬能的，許多人有了錢，卻失去了快樂。他們可以住得很高級，卻終夜無法成眠；他們可以出入以名車代步，卻失去散步的樂趣；看起來他們似乎可以心想事成，但是，當每件事情來得太容易、太簡單的時候，他們自己說他們便不懂得珍惜。更糟糕的是，當有錢人可以輕鬆擁有全世界的時候，他們才發現他們心裡的空虛竟是那麼巨大。

是的，「有錢可使鬼推磨」，但是，那墮落的天使可不是那麼容易就被收買的。人生中最有價值的東西，絕不是錢財可以買得到的。金錢只能滿足我們「些許」的需求，它並不如別人傳言那樣厲害能幹，它有它的極限，它有它的陷阱。

人們舉起花花綠綠的鈔票，得意地以為他們賺了它，緊緊地把金錢擁入懷裡，殊不知是金錢賺了他們，賺了他們的靈魂，賺了他們的尊嚴，也賺了他們的青春。

聖經上有一句警語是這樣說的：

人就是賺得全世界，賠上自己的生命，有什麼益處呢？人還能拿什麼換生命呢？

輯五

盼望

一個穩得勝的人，必定是個有盼望的人。

他的人生不是死局，不論如何總有條活路。他的目光不限於眼前的困境，他知道他有後援部隊。他對未來永遠樂觀，他從不唱衰自己。

因為他知道，強調問題，問題就越嚴重。唯有抬望眼，仰望天上，放遠眼光，未來必定是康莊大道。

希望是長著羽毛的

希望是長著羽毛的，飛向幸福的彼端。

這是美國隱士詩人艾蜜莉・狄金生的詩，她寫著：

希望是長著羽毛的，
棲息在我們的靈魂裡，
它唱著無詞的樂曲，
從來不曾停息。
風越強勁，它越甜蜜。
風暴莫想嚇倒這隻溫暖人們的小鳥。

我曾經聽說它在最寒冷的遠方，
在最遙遠的海外，
它從未因缺乏向人乞討。

一首精緻可愛而寓意深遠的小詩，透露出作者對人生的洞見。當我們生活在這個充滿苦難的世界上，希望就是我們的力量。我們祈求上帝幫助我們衝破黑暗、擺脫愁苦，就像是一隻輕盈的鳥兒能自由自在地飛起來。這希望的羽翼能帶領我們飛到山巔之上，從更高的角度看自己、看別人、看這個世界。

因此，我們就比較不會灰心喪膽，比較不會自怨自艾，從高處看，一切都變得比較簡單了，一切都可以甘之如飴了。一顆心是輕鬆的，是昂揚的，是能量飽滿的。

這個世界不再能挫敗我們，苦難的潮水也不再能淹沒我們，因為我們心裡有了希望，而這希望是長著羽毛的。任何時間、任何地點，我們都可以張開希望的羽翼，飛向幸福的彼端！

再給自己一個機會

一九五六年桃樂絲黛以一首可愛且發人深省的歌，奪得葛萊美獎。那首歌所描述的正是一個女孩的成長過程。

她小的時候，就問媽媽說：「以後我長大會怎麼樣？我會很漂亮嗎？我會不會很有錢？」

等她長大了，她又問身邊的丈夫說：「以後我們會怎麼樣？我們會過著幸福快樂的日子嗎？我們是不是天天都會擁有彩虹般絢麗的生活？」

後來，等女孩結了婚，有了自己的孩子，孩子竟也「繼承她的衣缽」，開始問著關於未來的問題，兒子問媽媽：「以後我們長大，會不會長得很英俊？」女兒則問：「那我們呢？我們會不會長得很漂亮？」當然，兒子和女兒還有一項共同關心

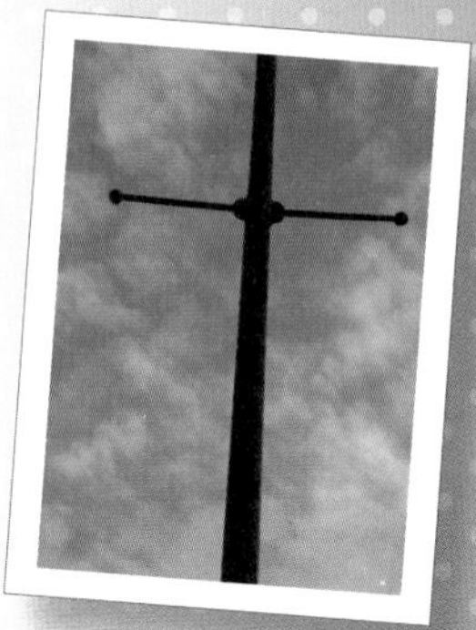

的問題就是「我們會不會很有錢？」

我們很關心我們的未來，因為未來充滿了機會。我們站在「今天」、眺望「明天」的時候，總是興奮的。對於未知的明天，我們永遠充滿了夢想，我們幻想我們是帥哥美女，幻想我們會成功，幻想我們會很有錢。反正幻想不要錢，做做夢也沒關係，大家不是說：「人因有夢想而偉大」嗎？

當然，這種茫然不知的感覺，有時候也會使我們陷入低潮，使我們軟弱無力，沒有勇氣面對人生，面對我們周圍的人。但是，換個角度想想，只要我們還有明天，事情就還有轉機，一切都還有希望，為什麼要那麼快投降，那麼快就束手就擒呢？

讓今天的一切，隨著日落而埋葬，待明天朝陽升起，又是一個全新的開始！面對未來，永遠充滿盼望，即或不小心失敗了，也不要被打倒，永遠記住：「忘記背後，努力面前！」

永遠記得！再給自己一個機會！

雲端彩虹城

古希臘有一位喜劇天才，他的名字叫做亞里斯多芬尼斯，他有一齣劇，名叫〈鳥〉，這是他所有作品中最輕鬆詼諧的作品。

劇中提到有一個鳥國，國王把這國家治理得非常好，有「自由之邦」的美稱。有兩個雅典人忽然想：不如把宇宙至高的主權交給這群鳥類吧。

於是，鳥國國王召集全世界鳥類來訂定計畫，大家通力合作，便建造了一座「雲端彩虹城」，介於地球與天堂之間。

地上所有的居民聽說有一座「雲端彩虹城」，一時趨之若鶩，紛紛來申請移民，希望能獲得「雲端彩虹城」的公民權。

這劇後來荒唐的結局惹人發噱，那「人擠人」、「爭先恐後」申請移民的情景令

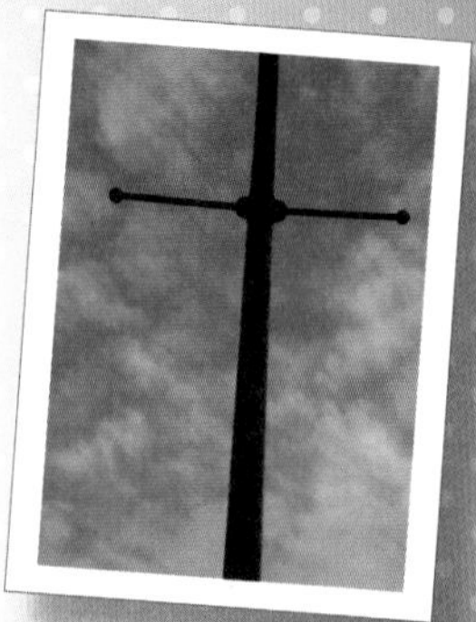

人印象深刻。

歷史上不斷重複這個戲碼，人類的企盼從未止息，我們一直往天空張望，我們期待能進駐更好的居所，想擁有更好的生活環境，得到更有意義的生命價值。

我們在世上只有數十寒暑，真正長遠的是在另一個國度。聖經說，上帝為我們預備了一座城，當我們結束了這世上的旅程，我們就要到那座城去。只是，我們是否做了預備動作？我們是否已經提出申請？我們是否願意遵行上帝的旨意，以至於我們能得到永恆、得享永遠的生命？

有一首可愛的老歌，名為〈在那彩虹彼端〉，近來一個七歲的小女孩，叫做康妮在電視上獻唱，那稚聲吟唱著：

在彩虹彼端，在雲的深處，
有一個國度，是我從小就知道的。
在彩虹彼端，天空蔚藍，
在那裡，我所有的夢想都會實現！

是的，人們一直朝著夢想前進，我們渴望在彩虹的那一端，就有我們美麗的家鄉。

春天的雨絲

一位長輩的追思禮拜。剛結束，我走出教堂，微雨。我披上圍巾，拉緊了，那暖意是春天的繞指柔，但迎面而來的仍是寒風。

忽地想起詩人艾略特〈荒原〉一詩的開場白：

四月是最殘酷的月分，迸生著
紫丁香，從死沈沈的地土，混雜著
記憶和希望，鼓動著
呆鈍的根鬚，以春天的雨絲。

四月原來是春天的象徵，希望的代名詞，但在詩人的詩作裡，「四月」卻是最殘酷的月分，因為它使「死亡中的生命」發芽，而發芽的生命將如何破乾地而出，那是一種困境。

死亡，令人尷尬。

再叱吒風雲的人、再飛黃騰達的人，都逃不了這死亡的網羅。亞歷山大、成吉思汗、秦始皇，這些獨占歷史扉頁的大人物都不能倖免，何況世間小民？

死，是那麼強悍、那麼霸道，金錢別想收買他，魔法更不能改變他。人死了就是死了。

但生命的創造者，卻預留了救恩，祂說，凡在主裡死了的人，都必復活。祂獨留了一條活路，給小心尋求的人。舉目觀看，誰有這麼大的口氣，誰能掌握人死後的世界，誰能給人永恆的生命？

我轉入另一條巷子，想起追思禮拜上最後一首詩歌的歌詞：

因祂活著，我能面對明天，
因祂活著，不再懼怕，
我深知道，祂掌管明天，
生命充滿了希望，只因祂活著。

我的心裡油生盼望，就像是從天而降的雨絲一般，密密地、細細地，梳理著我春天的憂愁。

抽屜裡的小紙條

「希望」是什麼呢？「希望」寫在抽屜裡的小紙條裡，總有那麼一些些動人的事情，值得我們盼望等待。

「希望」是什麼呢？「希望」寫在歸家的人的臉上，走過人世的滄桑，歸家吧！家鄉仍為自己存留最後一個希望。

「希望」是什麼呢？「希望」是當你所愛的人背叛你的時候，你仍好心地為他找一個理由，找一個台階可下。

「希望」是什麼呢？「希望」是對自己永不放棄，總有一個機會的，你告訴你自己：可以東山再起，可以捲土重來。

「希望」是無可指望時，仍然堅持的祈禱；「希望」是忍無可忍時，再嚥一口氣

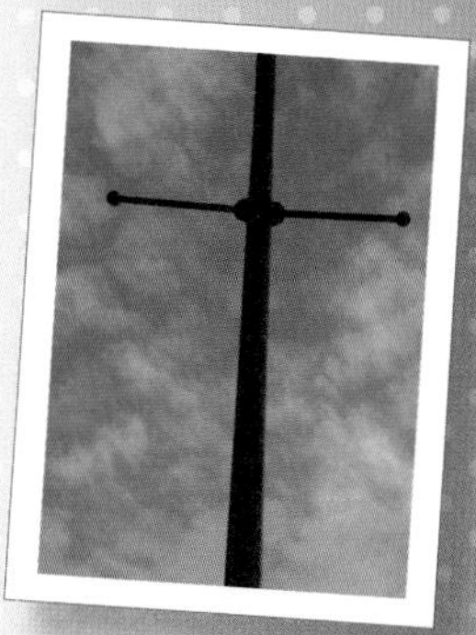

的勇敢。沒有人能夠永遠挫敗我們，也沒有人能夠長久扼殺我們的信心。

只要再忍那麼一下下，晨曦就要射進我們生命中的幽暗。

請告訴我石縫裡怎麼長出青綠的小草？淤泥裡怎麼生出清麗的蓮花？為什麼最大的岩石能激起最壯觀的浪潮？最深的幽谷能生長出最美麗的蘭花？

「希望」有時候只是個小小的種子，種在我們的心土裡，它發芽的時候無人注意，但等它成為壯碩的大樹時，飛鳥都喜歡在它的樹枝上搭巢築窩。

「希望」有時也像是一個大杯子，因為對未來有了高遠的夢想，這只杯子裡便能盛裝嘲諷、羞辱與欺壓。

「希望」更是一個生命的禮物，有了「希望」，我們的生命即或是黑白的，也能把它變成彩色；有了「希望」，人與人之間，便能以讚美代替責備，以無盡的忍耐代替急促無情的要求。

「希望」的來源地上找不到，這種寶貝只應天上有。上帝是厚賜「希望」的那一位，因為祂在我們還抵擋祂、排斥祂時，祂對我們仍不失望，祂總是說：

「我等待，我仍然滿懷希望。」

輯六 真情

愛情為何物？真情何在？身處後現代，愛情的誓言已經縹緲不復存在了。

人的愛出了問題，人的愛早已扭曲。只因為人遠離了愛的源頭，就是創造愛情的那一位，伊甸園的儷影不再，果樹下的耳語遠逝，人的愛情因為遠離上帝而變調。

幸福的祕方只有一個，就是回歸愛情的原創者，讓祂修補，讓祂雕塑，讓祂賜福。

永遠的宴會

據說，在著名的法國羅浮宮裡，有一個非常特別的作品，那是一具夫婦陶棺，是遠從義大利運來的，是在「埃特魯里亞」遺跡裡發現的。

這陶棺經過專家的整理鑑定，確定是「埃特魯里亞」的古物，於是決定放進世界知名的羅浮宮展覽。

根據研究，所謂的「埃特魯里亞」文化距離今天大約有兩千六百年到兩千一百年之久。

夫婦陶棺的造型設計非常有意思。作者把一副棺木造成一對坐著的人像，坐的是古代希臘宴會場合最常見的斜躺長椅。那是一男一女，兩人並肩斜躺在長椅上，男士留著半長的捲髮，蓄鬍鬚；女士則戴著帽子，帽子下露出一條條油亮亮的長辮子。

男士把一隻手輕搭在那女士的肩上，一副親密的模樣。兩人手上拿著酒杯，顯得氣定神閒，好似仍在宴席上歡喜交杯、談天說地一般。

據說，埃特魯里亞人有夫婦相隨的習慣，不像希臘人，希臘的丈夫參加宴會是不帶妻子同往的。

我猜想作者一定是看見了一對恩愛夫妻，他心裡深受感動。所以，在設計這副棺木時，就乾脆把夫婦同坐飲酒的模樣給做了上去。

他知道這對夫婦雖然有一天會被死亡隔絕，他們不能再像過去那樣如膠似漆、朝夕相處，但是，「就是死也要死在一塊兒」的意念促使他完成這個傑作。他想表達的是：

肉體雖然會相離，精神卻可以永遠聯合；肉體雖然會腐朽，但愛情卻永遠堅定不移。

兩千多年過去了，這對夫婦仍然坐在一起，共飲他們的生命之杯，從那栩栩如生的表情裡，讓人看出他們是那樣滿足、那樣契合，他們的愛情，比死亡更堅韌。

他們像是參加了一次永遠的宴會，這宴會從未散席。

愛情，我聽說

德國詩人海涅說：「愛是被霧遮掩的一顆星星。」

俄國作家托爾斯泰說：「世界上有價值的東西只有愛而已。」

法國作家巴爾札克說：「真正的熱情像美麗的花朵，它開放的地面越是貧瘠，它看來越是耀眼！」

而中國人的「關關雎鳩，在河之洲，窈窕淑女，君子好逑。」「蒹葭蒼蒼，白露為霜，所謂伊人，在水一方。」一向來也令人嚮往。

愛情是如此地動人，讓人無法抗拒。有人窮畢生之力追求愛情，有人不愛江山愛美人，有人為了愛情可以廢寢忘食。

只是，一旦追求到了愛情，人們又如何呢？大多數人是失望的、挫折的，是傷心

的，看日漸攀升的離婚率就知道，當人們戀愛成功，進入婚姻之後，反而失敗了。一切的美麗變成醜陋，一切的優點變成缺點，一切的希望全部落空。完全不懂得如何經營婚姻的結果就是：一場喜劇以悲劇收場，一次羅曼史變成傷心事。

因此，已婚者勸人不要進入婚姻，離婚者矢言絕不再論及婚嫁。戀愛變成禁地，婚姻真的變成墳墓。

難道愛情絕無完滿的結局嗎？人世間究竟有沒有美滿的婚姻？真的有「執子之手，與子偕老」嗎？

上帝設立了婚姻，立意甚佳，就是要讓人不孤單，在生命中相攙相扶。上帝看著是好的，只是因著人的軟弱，人與人之間的相處是這麼困難，婚前可以愛得死去活來，一進入婚姻就冷若冰霜。這究竟是怎麼回事？

關鍵就在於我們是以人的愛彼此相愛，還是以神的愛來彼此相愛？

人的愛都是先想到自己，神的愛是先想到對方；人的愛常自以為是，神的愛願意聆聽對方的想法；人的愛永遠不低頭，神的愛常常說抱歉；人的愛唯我獨尊，神的愛寧願委屈自己，成全對方。

婚禮上的誓詞可以高聲應答，但真正能同心攜手的究竟有幾對？

偶然聽說台灣桃園有一對老夫妻，老先生一百歲，老太太九十七歲，他們結縭八十年。這年，老太太先走了，老先生悲痛逾恆，過了十天，也走了。他們共有的四代子孫一百多人，經過共同商議，決定將兩位老人「同日葬」。

「人瑞」再加上「同日葬」，可想而知他們的喪禮多麼熱鬧盛大、備極哀榮。

愛情，可以這麼平凡，這麼執著，這麼悠久。

與天下有情人共勉之！

初戀的滋味

初戀的滋味常常是苦的，因為是第一次，沒有經驗，或者也不懂得珍惜吧！因此，很容易失敗。

但是，儘管這樣，我們還是懷念初戀，懷念那有點苦有點澀的滋味。

初戀的情人或許早已嫁娶，在世界的另一個角落裡，有他的歡喜與哀愁；時光荏苒，轉眼兩人說不定都已兩鬢斑白，但是，不知道為什麼，好像在我們的心裡，那個初戀情人的笑容與眼神卻仍然是那麼鮮活清晰，就好像剛剛才分離一般。

初戀的情節在日漸模糊的記憶裡，其實反而記得特別清楚。是在哪一個轉角處，寫了哪一封信，說了哪些對話，經過人生的歷練與篩檢，這些沈積在深處的東西，仍然熠熠發光。

也許在深深的夜裡吧，也許在安靜的午后，又或許在報紙的一角，恰巧有友人提起，輾轉有了消息，這樣的時刻，我們會禁不住又想起他來，當然有恍然隔世的陌生，但是，一顆心卻仍然砰砰跳動，就好像當年，他站在面前一樣那麼令人窒息。

初戀的回憶就像是一個舊盒子，藏在生活的背後，鎖在心裡的密室，我們總是在自己獨處的時候，才會悄悄地把它拿出來仔細欣賞。

先是拍去盒子上面的灰塵，輕輕掀開盒蓋，一雙手竟然禁不住小小地顫抖，雖然時間已經帶走了當初的自己，也帶走了初戀的情人，事過境遷，物換星移，但是不知怎地，對初戀情人的熱情不減、愛戀依舊，與外遇無關，也不涉及情慾，心裡更沒有什麼反悔與懊惱，只當作年少的狂歌，漸漸在風中凋零罷了。

生命是現實的，而初戀只是一個夢的記錄。

腳印

不只是為了走路而已。

一雙腳記載著父親與母親的相愛。他們的腳蹤如何從天涯海角來相遇，他們曾經如何並肩走在一起。有時相離，有時交錯。那些雜沓的腳印啊，是最美麗的音符，譜在人生的道路上。

直到有一天，他們兩人結合了，一雙小腳丫就逐漸成形在母親肚子裡了。母親因著愛情的幸福，總是笑著。那雙小腳成長著，十個圓圓小小的指頭，一個也不多，一個也不少。

這雙小腳也常載著父親與母親的期許。「我真希望他……」「是啊，我期待他以後……」。這些夢囈般的話語，穿過母親厚厚的肚皮傳進他的耳裡，他並不明白，

但是卻愉快地聆聽著。

當日子滿足以後，小嬰兒出生了。渾身紅通通地，那雙小腳在空中舞動。全宇宙都歡欣鼓舞，一個新生命的誕生啊！

那雙小腳安穩在母親的懷裡，那雙小腳蜷縮在溫暖的被窩裡，那雙小腳不久也穿上了五顏六色的襪子。

於是地面向小腳呼喚著。起初他總是站不穩，不一會兒就坐了下去。漸漸地，小嬰孩的腿骨健壯了，小腳，終於站穩了。

一小步，一小步，兩小步。原來人生的起端在這裡，能行千萬里路都從這裡開始。

一直線。父親母親激動地計算著，五步、六步了，七步。「寶寶，你真棒！」像是風前的小草，又像是初生的枝芽。小嬰孩的軟弱是那麼令人愛憐。

直到整個家裡都是小嬰孩的奔跑聲。父母親不敢相信自己的眼睛，從二度空間，到三度空間。從爬行類變成靈長類。

接著，跳躍、攀爬，甚至近乎飛行，都出現在這個歡笑滿滿的家庭裡了。

但誰知道，誰又去計算，當嬰孩睡眠時，漸漸，一吋一吋伸長的小腳，正逐漸邁向他的人生……。

另類愛情火花

「一個有錢又單身的男人必須結婚，這是大家所公認的事。」

這是世界名著《傲慢與偏見》劈頭而來的第一句話，常有人說這本書就像是人性櫥窗，將人的貪心、痴情表現得一覽無遺。

故事由貝納一家人展開，環繞在英國當時那崇尚貴族的社會裡，貝納太太是個神經過敏、愚昧無知的女人，她有兩個女兒，都正值青春年華，身為母親，她自覺最重要的使命，就是為女兒尋找乘龍快婿。

而在那個強調階級的時代中，要翻身最好機會就是鯉魚跳龍門，要是成功了，不但麻雀變鳳凰，一家子都跟著雞犬升天。

所謂的「傲慢先生」就是達賽，「偏見小姐」即依莉莎白，這兩位是故事的主角。他們之間屢屢發生莫名其妙的衝突，使得兩個人的關係成為糾結的愛恨情仇，看似水火不容，其實是心心相印，是另一類的愛情火花。

正如書末兩人的告白，依莉莎白小姐問達賽先生說：

「你是怎樣愛上我的？」

達賽先生回答說：「妳假如問我是從哪一點鐘、哪個地點、哪一個狀況，或是哪一句話使我愛上了妳，我實在說不出來，因為那是很久很久以前的事了，直到我恍然大悟時，我早已經深深地墮入情網了。」

依莉莎白小姐還不滿意，繼續追問：「我的長相，你不是沒有批評過。還有我的脾氣，我對你總是鹵莽無禮，每次跟你講話，我都和你針鋒相對，存心要刁難你，難道你不知道嗎？現在你老實告訴我，難道你是因為我對你粗野無禮才愛上我的嗎？」

「我是為了你頭腦清醒、活潑愛上妳的。」

「不必拐彎抹角，你乾脆直接了當說我是個野丫頭好了，因為我就是這樣。事實上，你平常被人奉承巴結慣了，許多女人就是一味地討好你、阿諛你，你反而討厭

她們；我卻與她們不同，我大膽地和你鬥嘴，這反而引起了你的興趣，對不對？」

達賽終於承認。他們兩人在一連串的波折與誤會後，有情人終成眷屬，可謂是歡喜收場。

這樣的愛情小說不落俗套，又真實又平凡，就像天天會發生你我身上一樣。

戰士與宮妃

唐玄宗開元年間，朝廷上下都傳誦著這樣一則美麗的故事：

當時，唐玄宗為了要慰勞駐紮在邊疆的戰士們，臨時起意，不如就讓皇宮裡的嬪妃們為邊疆的戰士們縫製棉衣吧。

於是，所有的宮妃都開始縫製棉衣。但有一位宮妃卻在縫製的過程中，偷偷地把自己寫的一首詩藏在裡面，那首詩是這樣寫的：

沙場征戍客，寒苦若為眠。戰袍親手作，知落阿誰邊？

蓄意多添線，含情更著棉。今生已過也，重結後生緣。

意思是說：「在沙場上征戰的戰士們啊！你們為了國家忍受寒冷、備嘗艱辛，晚上一定無法好眠。這是我親手縫製的戰袍，不知道會落在誰的身上，我故意多用些

線，也多些棉花，以表示我的情意。想想，這一輩子是不可能結緣了，也許下一輩子吧，我倆可以結為夫妻。」

沒想到這件戰袍送到了邊疆，一位戰士得到了它，無意間他發現了裡面的詩，非常驚訝，卻又不敢隱瞞，便將這事向長官報備。後來紙包不住火，這事果然傳到唐玄宗那裡，皇上立刻將六宮所有的嬪妃都召集了來，問大家：

「是誰寫了這首詩？只要誠實說出來，我不會怪罪於妳！」

那位寫詩的嬪妃知道東窗事發了，到了這個節骨眼兒上了，不承認也不行了，於是勇敢地站出來說：

「皇上恕罪，是我寫的，我真是罪該萬死，請皇上處置！」

不料，唐玄宗卻說：

「我恕你無罪，我看這樣吧！妳就和這位戰士結婚吧！我為你們成就這段姻緣！」

那位宮妃喜極而泣，她原來以為自己完了，犯了大罪，必死無疑；沒想到不但無罪開釋，皇上還成全她的心願，不必再過後宮冷清寂寞的日子。

戰士和宮妃在皇上和大家的祝福下結婚了，他們的姻緣也傳為美談。

愛情何價

一個浪漫悲悽的故事，一則生死相許的愛情，一樁不容於現實社會的畸戀，法國作家小仲馬以其多情細緻之筆，寫出了娼家女子的哀愁。

《茶花女》是法國作家小仲馬的代表作，發表於一八四八年，距離今天將近一百五十年，但是，作者筆力深厚，穿越時代，揭示了女子面對愛情抉擇時的無奈。

女主角瑪格麗特是巴黎著名的交際花，她年輕貌美、氣質不凡，是當時上流社會男士爭相交往的名女人。她在一個十分偶然的情況下邂逅了一個年輕人阿爾芒，兩人隨即墜入愛河，深有相見恨晚之感。

特別是瑪格麗特，她翻滾於紅塵之中，強顏歡笑、言不由衷，對於男人，她向來只有敷衍，只有陪笑，哪有真情？但是這一次不同，她深深地愛上了阿爾芒，正如

她後來臥病在床時所寫的信裡所說的：

「我對你的愛是一個女子所有的傾注。」

但是，他們兩人的愛情卻不為當時現實社會所容，以至於阿爾芒父親出面勸說瑪格麗特，盼望她能放棄她的兒子。

這樣的要求竟是將瑪格麗特推向死亡的前奏。瑪格麗特幾經考慮，決定以阿爾芒家族的聲譽為重，情願犧牲自己的幸福，放棄與阿爾芒的愛情。她後來返回巴黎重操舊業，最後在貧病交加下死去。

瑪格麗特死前還拼卻最後一點力量，穿上衣裳，抹上胭脂，坐車到她和阿爾芒第一次見面的戲院包廂去回味這愛情發苗時的甜蜜，她寫著：

「我到了我們第一次見面的包廂裡，我的眼睛不住地盯住那天你坐的位子。」

瑪格麗特就是帶著這樣一股相思的哀愁離世的，留下大筆的債務，任由人們拍賣她生前所有的衣物，當然也包括她那傳奇式的愛情故事。

《茶花女》讀來令人禁不住淚如雨下，異時異地，愛情的無常如一，渴望幸福的心情眾所皆同，只是想問一句，今日可有人為愛情可以生死相許？

寧王的妃子

唐朝的詩人王維曾經用一首詩救了一位美女脫離虎口，與她的丈夫團圓。事情是這樣的：

當時，寧王李憲跋扈無理，家裡已經有寵妓十餘人，還不滿足，他還是四處物色美女占為己有。

有一天他無意間看見街市上一家賣餅店的老闆娘長得明媚動人，當下就決定無論如何，也要將她弄到手。

次日，他讓僕人送上許多金帛禮物，對那賣餅的老闆說，寧王看上了他妻子，要重金娶她進寧王府。

老闆只是一介小民，寧王位高權大，他怎麼敢說個「不」字？於是眼睜睜地看著

自己心愛的妻子被寧王擄掠。

這位美麗的女子進了寧王府以後備受寵幸，過了一年以後，寧王想，這麼榮華富貴的日子，加上他特別的寵愛，這位女子一定早忘了自己的丈夫，就問她：「妳還想念妳的丈夫嗎？」

她不好回答，只是默默無語。

寧王還不甘心，就乾脆趁一次宴請賓客時，把女子的前夫找來，他想看看這兩個人相見，會有什麼樣的結果。

賣餅的老闆來了，看見他的妻子，一時之間，兩個人都說不出話來，只是四目相對、淚水汪汪，情景非常悽慘。

這時，在場的賓客，包括詩人王維也都忍不住哀歎連連。沒想到跋扈的寧王不但不為所動，還以此為樂，他請所有在場的文人們作詩，來描寫眼前的景況。

王維揮筆立就，那首詩寫著：

莫以今時寵，難忘舊日恩。
看花滿眼淚，不共楚王言。

王維以同情的角度來看這對無端被拆散的夫妻。他的詩寫著，不要以為這女子被你如此寵幸，就忘了她前夫的恩情，看她滿眼淚水、神情淒涼，她只是不好對你寧王說罷了。

這首詩讓當場的人十分震驚，因為沒有人敢觸怒寧王。

但是，寧王看了這首詩以後，心裡覺得慚愧，因為自己的喜好，就棒打鴛鴦兩分散，怎麼說也說不過去，於是，寧王當場就把那女子還給了她的丈夫。

沒想到王維的詩還救了一個弱女子，成就了一樁不可能的任務，使相愛的人可以長相廝守。

愛，要及時！

唐朝詩人杜牧極有盛名，時人常以他和杜甫相比，所以他有「小杜」之稱。他年輕時有一度在安徽做官，他聽說浙江的湖州風景優美，又多出美女，所以就抽空到湖州一遊。

當時湖州的刺史明白杜牧的意思，就大宴賓客，把湖州最美的歌妓都找了來，但是，杜牧一個都看不上眼。

刺史覺得很苦惱，正傷腦筋時，杜牧說：「不如你搭個戲台，這樣，全湖州的人都會來看，那時，我在人群中穿梭，說不定可以找到漂亮的女孩。」

刺史照辦了，果然，全湖州的百姓都來看戲了。杜牧在人群中走了一整天，也沒看見特別美麗的女孩，他正覺得灰心的時候，忽然看見一位老太太帶著一個十幾歲的少

女經過，杜牧仔細端詳後，自言自語地說：「這女孩才是真正的傾城傾國之姿啊！」

於是，他令人去把那對母女帶來，母女倆不知發生什麼事，嚇得手足無措。杜牧這時慢條斯理地說：

「這位老太太不必害怕，我是看上了您美麗的小姐。當然，我不會現在就娶她；十年以後，我會到湖州來做官，到那時候，我再娶她。當然，如果十年後我沒有來，您就可以隨意決定她的婚事。」

說完，就讓人拿了許多金銀財物來送給那對母女。

匆匆歲月流逝，十年已過，杜牧浮沈宦海，並沒有依約前來，直到十四年後，他才正式當了湖州刺史。

上任的第一天，他就惦記著那個美麗的女孩，連忙派人去打聽。消息回來說，女孩已經嫁人，而且已經生了兩個小孩。

杜牧不太高興，立刻派人把那對母女帶來，見了面，那位女孩已經長大成人，另有一種成熟之美，旁邊牽著兩個小孩，老母親更加老邁了。

杜牧質問那位老母親道：「您既然已經把女兒許配給我，為什麼又將他另嫁他人呢？」

老母親早料到杜牧會這樣問，便回答說：

「刺史大人請不要見怪，我以前的確是把女兒許配給你，不過，你當時說的是十年啊！你說如果過了十年，你還沒來，就可以隨意安排她的婚事。大人，現在已經過了十四年了！」

杜牧聽了，知道是自己理虧，就不再說什麼了，於是又送了些禮物給她們，就打發她們走了。女孩離去以後，杜牧心中悔恨交集，只恨自己為什麼不早點來，如今一切都太晚了，於是，援筆寫了這首悵別詩：

自恨尋芳到已遲，往年曾見未開時。

如今風擺花狼藉，綠葉成蔭子滿枝。

愛，要及時啊！生命中有許多人事物是不會等我們的。唯有把握現在，活在當下，人生才不會有憾恨！

愛情的海洋

愛情是古今中外所有人們的美夢，人人渴求被愛，渴求在愛情如詩如畫的意境裡得著生命的滋潤與飽足。因此戀人若要分別，總不忘叮嚀：

「記得綠羅裙，處處憐芳草。」

戀人不忘在耳鬢廝磨間立下誓約：

「求你將我放在心上如印記，帶在你背上如戳記。」

甚至還捶胸踏地說：「活著的時候，我們兩個要在一起；就是死也要葬在一個墓穴裡。」（「穀則異室，死則同穴。」）

但現實的世界真是如此嗎？誓約真的能實踐了嗎？愛情真的叫我們以生死相許了嗎？

只是我們耳邊常聽到的是：愛情很容易就褪色或變形，「希望」變成了「失望」，「美夢」變成了「惡夢」，「滿足」變成了「虛空」，「快樂」變成了「痛苦」，「粉紅色」變成「灰色」、甚至是可怕的「黑色」。

愛情到底是什麼？為什麼它那麼美，卻又那麼易碎？為什麼它那麼動人，卻又那麼致命？是一滴朝露，還是一朵玫瑰，是一個幻影，還是一柄利刃？

誓約的有效期限為何？誓約究竟值幾斤幾兩重？海誓山盟終究可以見證於天地，還是只是一紙玩笑？

上帝賜下了愛情，但人們卻切斷了愛情的源頭，執意用自己的愛來經營一切，就算是立下誓約，也毫無能力持守，結果就是枯乾、扭曲、變色、死亡。

愛情若不回歸到創造者的手裡，註定是失敗的；誓約若不在基督耶穌裡，也只是虛浮的誇耀罷了。

該是接通愛情導管的時候了！上帝那豐沛深廣如海洋的愛情，正等待要注入我們的生命。

輯七

寬恕

一個穩得勝的人，必定是個能寬恕別人的人。
別人得罪他，他會難過，他會生氣，但至終他會寬恕對方。不是因為修養好、度量大，他知道「人的愛」都做不到這些，只有更高的愛才有可能辦到，那就是神的愛。來自於更高次方的愛，當然容易包容三度空間的世間糾紛，一切都概括承受了，一切都算在祂的頭上了。
因此，他能原諒，他能說：「我寬恕。」

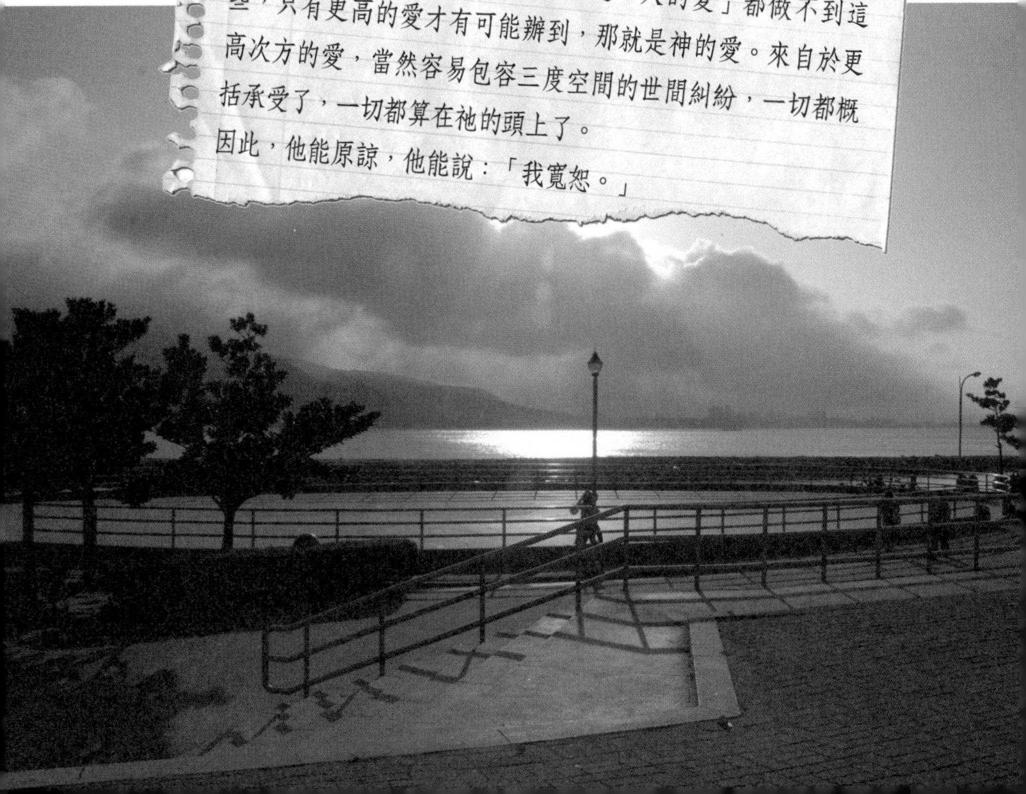

「抱歉」不妨常掛嘴邊

可有不小心踩到別人腳尖的經驗？對方狠狠地瞪了你一眼，你慌亂間連忙點頭說：「抱歉！抱歉！」

然後，兩人各分東西，以後會不會再見面，誰也不知道。這就是陌生人之間的事件，如同過眼雲煙。

但是，在我們最親近的人之間，就不是這樣了。

可能是我們的丈夫或是妻子，可能是我們的兒女或是父母，也有可能是我們的兄弟姊妹，不論如何，這些與我們最親近的人，卻會成為我們最不容易原諒，也是最不容易說出「抱歉」二字的人。

可能是一句話，可能是一個眼神，或是一個決定，或是一件行為，不論是我們得罪別人，或是別人得罪我們，我們常容易落入一種深仇大恨的網羅裡，彷彿天昏地暗、世界末日一般。對方向我們道歉，我們不願意原諒；或是我們自知理虧，卻是硬著嘴，就是不願意說出「抱歉」兩個字。

也許親屬之間的過節，由於彼此之間都有著一定程度的期許，所以，當對方達不到標準的時候，心裡就容易埋怨生恨，容易沮喪灰心，因此，無法像處理陌生人事件那樣單純容易。

這樣的現象固然是普遍存在的，但是，有時候想想，真覺得划不來。如果我們對陌生人可以那麼仁慈的話，對自己的親人，難道不應該更加憐憫嗎？我們有著血緣關係，我們曾經同甘共苦，有什麼深仇大恨不能解決、不能寬容？面子問題真的那麼難以克服嗎？說一句「抱歉」真的會讓我們的尊嚴掃地嗎？

一個懂得說「抱歉」的人，是一個值得別人原諒的人。短短的兩個字，卻是建立破裂關係的妙方。

要一個圓融的人際關係嗎？「抱歉」不妨常常掛在嘴邊。

兩只袋子

《伊索寓言》裡有一個小故事是這樣的：

「根據古代的傳說，每個人出生到世上，脖子上都掛著兩只袋子。一只小袋子在面前，裡面裝的都是人們的過失；而一只大袋子在背後，裝著自己的錯誤。這是為什麼人們通常很容易看到別人的過失，而對於自己的過失，常常看不清楚。」

這個寓言，一針見血地說明了人為什麼容易「寬以待己，嚴以律人」；人們為什麼那麼容易對別人的過錯生氣，而對於自己的過錯則睜一隻眼閉一隻眼。

我們用放大鏡檢視人們的過錯，卻用老花眼鏡看自己的過失；我們那麼容易就將他人的缺點記憶存檔，卻常將自己的短處直接刪除。這樣過活，難怪我們不開心。

我們總是覺得別人對不起我們，我們太委屈了；老是我們原諒別人，別人都不知道包容我！

聖經裡有一種「梁木說」，言簡意賅地為人際之間這種難題作了解答。

> 為什麼看見你弟兄眼中有刺，卻不想自己眼中有梁木呢？
> 你自己眼中有梁木，怎能對你弟兄說：『容我去掉你眼中的刺呢？』
> 你這假冒為善的人！先去掉你眼中的梁木，然後才能看得清楚，去掉你弟兄眼中的刺。

試想一個眼睛有毛病的人，看別人都是不清楚的，甚至是歪歪斜斜的，於是開始評論人們的不是，其實是他自己眼睛有毛病，這就是聖經所說的道理。

一個眼睛裡有梁木的人，自然看東西是不清楚的，但他卻說別人眼裡有刺。這不是很可笑嗎？有問題的人不是別人，而是他自己啊！

中國古人說：

山不讓其土，始能成其大；
海不捨涓滴，始能成其深。

——《史記李斯列傳》

其意思是；「泰山不捨棄細小的土壤，所以，才能這麼高；河海不論細小的流水都兼容並蓄，所以才能這麼大。」

「寬恕」可能是人類社會最難學的一個功課，但如果每一個人都自覺不完美，就比較容易接受別人的不完美。

再讓三尺又何妨

清朝有一位宰相名叫張廷玉，他是安徽桐城人。康熙十一年生，三十九年中進士。

張廷玉在任期間主要工作在於擔任皇帝的祕書，對清廷政治制度貢獻良多。他為人謹慎，雍正皇帝曾讚揚他「器量純全」。

有一次他在安徽桐城老家的家人要起造房屋，有一位姓葉的侍郎剛好在他家隔壁，也要起造房屋，為了爭地皮，兩家發生了嚴重的爭執。

張廷玉的母親張老夫人便寫信到北京，要張宰相出面處理這件事。

這位宰相有智慧有洞見，看完來信，立刻寫了一首詩勸導老夫人：

千里家書只為牆，再讓三尺又何妨？
萬里長城今猶在，不見當年秦始皇。

張老夫人看了信，明白兒子的意思，立即主動把牆退後三尺。葉家見此光景，感到非常慚愧，也立刻把牆退後三尺。這樣，張家與葉家的牆垣之間，就形成了六尺寬的巷道，成了當時有名的「六尺巷」。「六尺巷」代表的是寬容、謙遜與禮讓。當時造成轟動，人們傳揚這件美事，都稱讚宰相張廷玉寬宏大量，他僅僅失去幾分祖傳的土地，卻換來當時百姓的愛戴，以及世世代代的美名。

這則真實的故事讓我們看見，人與人之間的相處是非常微妙的。當有一方願意退讓時，另一方就會有感覺，是一種被尊重的感覺，因為對方「降低」了姿態。因此，這一方也願意降低自己，這麼一來，就沒有什麼好針鋒相對的了。人家都退讓了，你還爭什麼？

可能有人還會問：如果我退讓了，對方卻更得寸進尺，「柿子挑軟的吃」，「人善被人欺，馬善被人騎」，這可怎麼辦？

其實，如果真遇上這樣的人，就盡量讓他吧！根本不要跟他計較，他遲早會學到功課的，他會自食惡果。

我們自己努力做一個寬大的人吧！因為一個懂得寬容的人是一個懂得「善待自己」的人。他絕不跟自己過不去，他知道斤斤計較的結果是作繭自縛，終會「自作自受」。

張廷玉懂得這個道理，所以他說：「再讓三尺又何妨？」

謙讓帶來的是和平，是化干戈為玉帛，是化敵為友。

生命望遠鏡

如果我們每天嘗試用望遠鏡來看我們周遭的人事物，我們的人生觀很可能會有極其驚人的改變。

我們從望遠鏡看見的不再是短暫的今生，區區數十年寒暑而已，而是永遠的永遠，就是那無邊無際、無法臆想的永恆。

從這望遠鏡看去，股市上上下下的線條竟然不見了，因為在永恆裡，那比雲霧的線條還要虛幻。

別人對我們的評價也化為輕煙，因為宇宙太大了、歷史太長了，誰也不記得誰說過什麼話。別人說你好、說你不好，都聽不見了。

升學的失敗、職場的挫折、戀愛的滑鐵盧、婚姻的觸礁，都是小得不能再小的插

曲，目的在幫助我們的生命邁向成熟。

想得到的得不到，不想得到的卻揮之不去，德國大文豪歌德說的，這就是人生兩大悲劇。但，又有何妨呢？人生本來就是空手而來、空手而返，得到或得不到，到頭來都一樣。

從永恆的角度來看，很多事情就變得非常簡單。做決定也不再那麼困難，因為所有的糾葛、掙扎與混亂都可以得到澄清，就像是一泓清澈極了的湖水，天上的白雲映在水面上，白如春雪，綠如翡翠。

至於在永恆裡什麼是最有價值的呢？

望遠鏡裡窺見的哪一顆星最大又最閃亮呢？

答案是一個懂得為造他的主而活的生命，是可以為永生拼卻一切的生命，是可以輕看眼前得失、著眼永恆那樣的生命。

那實在是需要高瞻遠矚的眼光，更需要勇氣與毅力。

快拿起我們的望遠鏡吧，因為我們實在近視太深。

最後的晚餐

〈最後的晚餐〉是十五世紀名畫家達文西的曠世作品。據說，他完成這幅作品時，才三十四歲。

這幅畫描繪的是耶穌和祂的十二位門徒一起用餐的情形。那個時候，耶穌已經知道自己就快要被釘死在十字架上了，但是，其他的門徒——除了猶大準備賣主之外，都不知情。

席間，耶穌平靜地看著每一位門徒，祂說：「在這裡，有人要賣我。」

門徒們一聽，都嚇壞了，怎麼可能？老師這麼愛我們，怎麼可能有人要賣祂？他們面面相覷，以不信任的態度揣測著彼此，心裡面都是問號：「如果真的有人要賣主，那會是誰呢？老師講的是誰？」

然後，門徒們一個一個驚慌地問耶穌說：「是我嗎？」

耶穌巧妙地回答說：「那和我一起把手放在盤子裡的，就是要賣我的人。」

耶穌指的正是猶大。

達文西想要在畫裡表現猶大的陰冷奸詐、貪財賣主，但是，怎麼表現呢？怎麼使他在門徒中與眾不同呢？

後來，達文西想到一個好方法，那就是利用光線的原理來表達。他畫猶大時，將他的身體往後傾，以筆觸表現他驚慌的表情，只見他一手抓著出賣耶穌的酬勞——那是一個裝有三十塊銀幣的錢袋，他的臉部顯得相當陰暗，透露出他的邪惡。

而端坐在中央的耶穌，臉上盡是榮耀的光芒，因為祂心裡充滿了慈愛，為了愛人，祂甘願被出賣，而且是被自己的愛徒出賣。

輯八

智慧

一個穩得勝的人，必定是個有智慧的人。
在人生路途中，智慧使你行事順利，智慧使你事半功倍。
一個智慧的人知所進退，知所取捨。這樣的人不勝也難！
「智慧是人生的手電筒。」
「智慧是人生的地圖。」
「智慧是居高臨下笑看人生。」

未來古城市

台北的一〇一大樓曾是全世界第一高，總高度五百零八公尺。超越了美國芝加哥希爾大樓（四百六十二公尺）與馬來西亞雙子星大樓（四百五十一公尺），台灣人曾獲得「世界第一高」的驕傲。

只是人外有人，天外有天，在強烈的競爭下，台北一〇一大樓不再是世界最高大樓，因為中東地區阿拉伯聯合大公國的杜拜市，正興建高達一百六十層樓高的摩天大廈！

人類的文明在鋼筋水泥的堆砌上你爭我奪，不外就是想要贏得全球的眼光，戴上卓越的光環。人類不斷地向未來進取，卻不斷地被甩入歷史；未來有無限創舉的空間，但歷史卻總是翻臉無情。未來與歷史之間，只是一線之隔，人類究竟在爭什

麼？

當一切的輝煌與光彩進入歷史，就與黃沙無異。英國詩人雪萊有一首膾炙人口的詩，名叫〈奧西曼提斯〉，如此寫著：

我遇到一位旅者，他從古國歸來，
他說：我看見沙漠之中有一石像半毀，空餘巨腿，
頭像旁落，半遭沙埋。
但那頭像人面依然可畏，
那冷笑是發號施令的高傲。
雕匠巧奪天工，將那石頭刻得維妙維肖。
頭像上還有幾個大字：
「我的名字是奧西曼提斯，我是萬王之王。
請看！我的功業彪炳，蓋世無雙！」

但詩人接著寫：

> 但沙漠中只見廢墟，平沙莽莽向天涯！

奧西曼提斯，當代赫赫有名的埃及法老王，與他一生的終極成就，仍不敵時代的巨輪，最後委入黃土。這樣的弔詭令人唏噓！

從永恆來看，一切的輝煌仿若夕陽，一切的爭競就像遊戲。人類今日所建構的，明日便成遺跡；今日所矜誇的，明日空餘喟嘆。人類在追求外在物質文明進步的同時，是否也注意到了人內在心靈世界的建造？

比大樓更崇高的是人心，比人心更重要的是永恆，而人類可曾看重向永恆進取，向造物主求問？

家有圖書館

猶太人非常優秀，諾貝爾得主之中，猶太籍就占了百分之三十二，有人研究為什麼他們這麼聰明，後來發覺是因為他們非常重視孩子的幼年教育。猶太人的孩子從三歲開始就接受文字教育，奠定了未來學習的良好基礎，難怪長大之後出類拔萃。

事實上教育專家發覺幼兒兩歲就有閱讀的能力，所以做父母的，從孩子小時就應該盡量訓練其閱讀能力，這是開發孩子智力最好的方法。

基於這樣的理念，我在孩子還在襁褓中時，就已經開始為他們設計規劃一個屬於他們的圖書館。

我注意到住家附近有一家英文補習班即將歇業，我相中了裡面陳設的開架書櫃，實木材料，大小適中，於是，三番兩次請問老闆是否可以考慮賣給我。

經過幾個月，補習班真的結束了，家具要處理，不少英文教材以極低的價格出清。我一口氣買了兩個開架書櫃，書籍也買了好幾堆回家。

我的兒童圖書館正一步步實踐中。

孩子漸漸大了，我將家裡的空間重新設計，規劃出兩面牆，圍成的正方形小廳，就作為他們的圖書館。

我不但上書店買書，也使用網路書局買書，大型書展更是不容錯過，一定細細選擇，然後一批又一批地買回家。不但如此，我還到圖書館去尋找合適他們的書，辦理「家庭證」，一次借二十本書，這些都豐富了我們家的兒童圖書館。

孩子們每天早上起來，映入眼簾的就是琳瑯滿目的書，從開架的書櫃，他們可以自由地取閱，一本又一本地看，享受在其中。吃飯的時候，觸目所及也是書，「書名」就是最好的認字教材，他們天天看，看久了就記得了。

休息玩耍的時候，也愛把書當作磚塊來疊著玩，就像是玩積木一樣。睡前更是一定要我講幾本他們心愛的書，才肯甘心進入夢鄉。

一天之中，在我們家，「書」扮演了非常重要的角色。「閱讀」成為他們自然而然的生活習慣。

而在「閱讀」之中，他們接觸了大量的文字，智力受到高度的啟發，影響深遠非人所能想像。

他們認識的字越來越多，各種能力如理解力、想像力、聯想力、記憶力、思考力，都有驚人的進步。

南宋大家朱熹曾說：「循序而漸進，熟讀而精思。」足見學問這件事是漸漸養成的，一點一滴累積的。我很高興我所實驗的兒童圖書館，可以從孩子小時開始幫助他們養成閱讀習慣，使他們在人生的起步就愛上閱讀，一生受用無窮。

大熊貓與寄生蟲

大熊貓，簡稱熊貓，原名貓熊。由於是中國特產，別處沒有，所以向來被稱為中國國寶，也是中國人向來引以自豪的「吉祥物」。

大熊貓生長在中國四川盆地周邊的山區，現在只剩下三千一百隻左右，這麼稀少最主要原因是牠們的生育率很低，再加上對生活環境相當「龜毛」，所以，早就列入保育動物的名單。

最近有專門研究大熊貓的研究員發現：已經瀕臨絕種的大熊貓近來的遭遇是雪上加霜，牠們面臨了更大的威脅。原來是有一種蛔蟲，經由糞便傳染，在大熊貓之間迅速地傳遞，為什麼呢？據專家說，由於人類濫砍濫伐，使得大熊貓的棲息地大大地減少，一群大熊貓擠在一小塊地方，彼此接觸頻繁，怎麼能不生病呢？

其實，想想，大熊貓體積龐大，一隻成熟的大熊貓身高大約一點二至一點五公尺，大約是一個人那麼高，寄生蟲那麼細小，怎麼可能將牠打敗，甚至使牠死亡？原來這種寄生蟲專門攻擊腦部與重要器官，因此，就是強壯如大熊貓，也會不支倒地。

就像最小的破洞也能使一艘大船沈沒，一條細細的裂縫也足以使大壩決堤，小至個人的健康，大至國家的興衰，一點點的徵兆也不能忽略的。從小看大，防微杜漸，永遠是不變的道理。

看！大熊貓龐大的身軀在翠綠的樹林中移動著，誰知小小的寄生蟲竟是牠的致命物。

人生的道理也是這樣：每一天我們的思想變成習慣，習慣變成行為，久而久之，行為便帶出了我們的命運。起初，只是一個念頭、一個思維，至終卻變成個人的命運，這其間的影響不可忽視。

小心我們的一轉念，小心我們的一個決定，小心腳下的那一步，差之毫釐，失之千里。「小」可以決定「大」，「大」因「小」而形成！怎能不謹慎？

發明大王

發明大王愛迪生一生之中只有正式上學三個月，其他都只靠自修得來。以他的成就，想來真不可思議！

而在他學習過程之中，最重要的角色就是他的母親。

據說，他小時候非常喜歡問「為什麼」，尤其是上課的時候，猛問「為什麼」，搞得老師大為光火，常在課堂上把愛迪生罵得狗血淋頭，同學們都看好戲。

最後，愛迪生的母親決定把他帶回家自己教。所以，我們所知道的發明大王原來是「在家自學」的成果。

那時，愛迪生的母親買了一本「自然科學實驗」的書，愛迪生看了之後，感到非常有興趣，於是便動手把其中的實驗全部做過一遍。就從那本母親買的書，愛迪生

奠定了他實驗發明的基礎。

愛迪生一生發明了無數有用的東西，最著名的有複印機、留聲機、攝影機、放映機，還有照亮人類世界的燈泡。檢視人類歷史，回想人類科技之進步，愛迪生功不可沒。

拉遠距離來看這位偉人，再對照現在的教育制度，我們不難想見，當時愛迪生的難堪，他是中輟生，也是問題學生，被人看不起，甚至被同學唾棄，只因為他不是乖乖牌學生，他不是那種「照單全收」、「品學兼優」的學生。他不斷地用他的腦袋思考「為什麼」。

智慧的母親知道他在學校待不下去，於是斷然決定回家自己帶、自己教。我敬佩這樣的母親，她瞭解她的孩子並不是「壞」，不是「調皮」，不是「故意惹麻煩」；相反地，她發現了愛迪生愛思考、愛做實驗的特性，於是她按照他的性向啟發他、教導他，這就開啟了他的潛能，為他一生的成功奠定根基。

一位充滿關愛、善解人意的母親多麼重要！試想愛迪生的母親若是「符合潮流」、「順從制度」，站在老師的那邊來管她的兒子，恐怕愛迪生的志氣全失，不但不能成為「發明大王」，大約只能流落街頭，一生潦倒了。

我期待我自己成為充滿關愛、善解人意的母親，按著我的孩子的性向來啟發他，而不是壓抑他、折磨他。

黃金事物

美麗的人事物最難久留。少女臉上的一朵微笑，山頭上初現的晨曦，案頭盛放的花顏，誰能勒住它們的腳步，誰能阻止它們不進入枯萎凋蔽的程序呢？

也許就是因為短暫，所以惹人憐愛；因為難久留，所以，分外值得珍惜！

美國詩人佛洛斯特最膾炙人口的一首詩，寫的正是這種瞬間之美。

他寫著：

大自然的初綠如黃金般寶貴，
其色澤是如此難以保留，
它的新葉像一朵花，

但也只能保存剎那。
不久新葉委墮，
正如伊甸園之沈淪，
晨曦到黃昏只不過一瞬，
從來黃金事物難久留。

想像詩人在美麗的田野間默想，看見「美」的腳步如飛也似地消逝，心中無盡的感嘆便化成了文字。他在激動中寫就本詩，而這首詩流傳至今，不知擄獲了多少人心，集結了多少慨嘆，若秤量之，必如千斤重，世間的定律誰也不容打破。

然而，與其惋惜，不如珍惜！與其嘆息，不如積極，積極留下黃金事物。

擎起畫筆，將美麗加以記錄；或是，更快一些，數位相機一拍，電腦存檔，可保永久；或以生花妙筆描寫之，以文字形式留存，便能擋住時間沖刷。

當「實體」漸漸毀壞之時，讓記憶猶新，讓美麗猶存，讓生命因著這些美麗的回憶而熠熠發亮！

人生如夢

據說唐玄宗開元年間，有兩個人意外地在客棧裡相遇，一個是準備到田裡工作的年輕人，一位是遠行的長者。

他們兩位雖然是素昧平生，但是，談得非常投機，聊著聊著，年輕人忽然指著自己破爛的衣服說道：

「唉，我是個大男人，卻貧窮到這種地步！」

「我看你氣色好，身體也很健壯，為什麼突然為自己的貧窮嘆息呢？」長者不解地問道。

「唉，您不知道，我只是過一日算一日罷了，我活得一點也不快樂！」

「你不快樂？那麼你告訴我，你認為生活應該怎麼樣才叫快樂？」

年輕人把頭一抬，眼光眺望遠處，開始說起他的夢想：

「快樂啊！就是能立大功、做大官，最好是能當個什麼將軍、宰相什麼的，盡享榮華富貴，光宗耀祖，那樣的生命才有意義啊！可是，您看看我，都二十幾歲了，還在種田，簡直是沒出息啊！」

說也奇怪，那年輕人話才說完，就睡著了，客棧老闆正在煮黃粱，那位長者見他睏了，就從行李裡拿出一個枕頭來，說：

「好吧，你既然累了，就靠著這個枕頭，好好睡一覺吧！榮華富貴隨心所欲。」

那是個青磁枕頭，兩邊有洞，年輕人朦朧間見那洞越來越大，就走了進去。

他開始走運，成了富翁，也中了科舉，三年後，回到京城，被朝廷命為京兆尹。後來，邊界發生戰爭，他被任命為出征將軍，竟然打了勝仗，功業彪炳，回到朝廷，還被皇帝賞賜，封為宰相。後來，雖然一度被奸臣所害，差點丟了性命，但是，不久冤情被雪，他又官復原職。

他生了五個兒子，個個都有出息，媳婦們也都系出名門，他們總共為他生了十個孫子。五十幾年來，全國上下，無人能與他的權勢榮華相比，直到後來，他也是壽終正寢。

這時候，年輕人伸了伸懶腰，打了個哈欠，睜開眼睛，看見自己還在客棧裡，那位長者還在，老闆的黃粱也還沒煮好，他跳起來說：「啊！原來是一場夢！」

長者看看他，笑著說：「人世間的事大約也是如此吧！」

年輕人這才恍然大悟，向長者道謝：「這一定是您安排的，讓我明白人生在世，貧賤榮辱、生老病死，原來都如夢一場，所以最好恬淡寡欲，謝謝您！」

說完，年輕人就離開了。

玩出聰明來

近來發現台北一所小學，竟然發明了一種「在玩樂中學習」的好方法，把「自然生態學科」融入生活中，帶進遊戲裡，讓孩子們學習起來覺得又有趣、又好記！

只見校園裡間間教室人手一副牌，明明是上課時間，老師也在場，竟然全班一起打牌，「刷！刷！刷！」的聲音不絕於耳。仔細一看，那撲克牌又和一般的撲克牌不一樣，蝴蝶、蛹，還有食草植物等等精美的圖案，令人印象深刻。

原來這是一堂自然科學課，老師正在講解「蝴蝶生態」，學校運用這種創意教學法，使學生在輕鬆的氣氛中學習。

我很高興終於有些教育人士不再那麼死板了，透過玩樂來學習新知，記憶更深刻，效果更顯著。

好。

古人所說的：「業，精於勤，荒於嬉。」來到這個世代，必須要有新的解釋才好。

事實上，「遊戲」對一個孩子的成長有不可忽視的價值與意義。

我們也常常聽見有些人管教孩子說：「再玩、再玩，看你長大以後怎麼辦！」殊不知，兒童的遊戲有著非常重要的功能與意義。

甚至，從某個角度來說，遊戲的重要性絕對不亞於知識方面的學習。例如孩子玩丟球、堆積木、玩扮家家酒、幫芭比娃娃脫穿衣服，這些都是孩子在練習操作，不論是大肌肉的運動、小肌肉的運動，或是手指與眼睛之間的協調等等都是。

另外，在遊戲中，若有幾個人在，孩子就能練習人際方面的處理和因應。

「我演國王，妳演皇后。來，我們來演！」

「小明每次都對我們這麼兇，我們要去告訴他媽媽！」

如此，孩子就有機會練習處理人際關係的問題。沒有人天生就知道怎麼與人相處，在遊戲之間，孩子就漸漸學會了人與人之間互動的藝術。

大人，是用「話語」來表達自己，而孩子是用「遊戲」來表達。也就是說：「遊戲」是孩子的語言。

心理學專家皮亞傑說，一般人要到十一歲左右，才會用「抽象符號」（例如：語言、數字）來表達自己的意思。這就是為什麼在此之前，孩子們只會用具體的事物（例如：玩具）來傳達自己的想法。

所以，「玩」這件事基本上是孩子練習表達自我最好的方式。一個從來沒有好好「玩過」的孩子，無法預備自己進入大人的世界。

所以，盡量讓孩子玩吧！孩子從玩樂與遊戲中，可以學習長大。

小城故事

浪漫喜劇，卻成了黑色喪禮！這究竟是什麼戲碼？

一對兩小無猜的情侶結婚了，女主角卻因難產而死了。她的靈魂回到她十二歲時的生日派對，她在一旁看著這平凡日子裡的歡笑，發出這樣的嘆息：「有誰在活著的時候，分分秒秒好好體會生命的美好呢？」

一個平凡小鎮，一個平凡小家庭，發生了一連串平凡的事件，這就是〈小城故事〉的場景，但不平凡的是作者直指人心，點出人們對生命有一個巨大的、無知的黑洞，我們並不清楚原來每天上帝所賜予我們、握在掌心的日子，是那麼的寶貴，那是一去不復返的祝福啊！

故事一開始，就是一個喪禮，喪禮的主角就是這個可愛的女孩「愛蜜莉」。她和

鄰家男孩「喬治」結婚九年後死亡。

送葬的隊伍離開之後，愛蜜莉的靈魂便出現在這群死者當中。她跟喬治的媽媽說，她沒有辦法想像自己已經死了，幾天前她跟喬治還在計畫擴建他們的農場呢！

不顧其他死者反對，愛蜜莉要求舞台導演讓她重活一次，讓她回到一個快樂的日子。舞台導演答應了她的請求，於是愛蜜莉回到一八九九年她十二歲生日的那天。

這天早上像其他每一個日子一樣，媽媽正在準備早餐，爸爸剛剛出差回來，他特別準備了一個生日禮物給他寶貝的女兒愛蜜莉。

這個時候喬治跑進來，他也準備了一份生日禮物要送給愛蜜莉。他們兩個從小就要好。這時，愛蜜莉看著這個當年她以為再也平凡不過的一個日子，心中充滿了懊悔，她想著：

「為什麼人們活著的時候，總是不懂得珍惜生命中的每一刻呢？一定要等到死了以後，才知道原來活著的每一刻都充滿了珍貴的回憶！」

最後愛蜜莉無法繼續承受心裡的難過與懊悔，她要求舞台導演趕快讓她回到死者之中。

〈小城故事〉是美國劇作家懷爾德的著名作品，它曾在百老匯創下連演三百三十六場的紀錄。觀者無不涕泗縱橫，可見其感人至深。但，試問：人們在感動之餘，可曾真的從此看重自己的生命，珍惜身邊的人，懂得從今生眺望永恆？

女王的悲哀

有一個古老的故事是這樣：

在一個山青水秀的國家，全國人民都長得十分俊美，唯獨他們的女王長得奇醜無比，鷹勾鼻、大嘴巴，又矮又胖，所以，人們都不喜歡看見她，一見她就控制不住想笑。

女王心裡當然明白，她貴為一國之尊，卻是全國最醜陋的，每次照鏡子，她就忍不住自艾自憐，後來竟轉變為惱恨嫉妒，只要看見漂亮的女孩，她就氣得吃不下飯。

她日夜思索著怎樣才能讓自己漂亮起來，化妝、整形、拉皮、減肥，她用過無數的辦法，都無濟於事。最後，她想到一個她認為可以徹底解決的方法。就是把全國

的鏡子都砸破扔掉，人們看不見自己的美貌，就不會成天與她比較，就無從驕傲起了。

她覺得自己真是聰明，於是，立刻下令全國按照她的規定把鏡子砸破扔掉，絕對不准私藏，如果抓到抗命的，格殺勿論。

這麼一來，她終於放心了，因為大家再也區分不出她的醜陋與他們的美貌了。

誰知，不久後的一天早晨，女王帶著侍女到湖邊遊玩，侍女們從清澈見底的湖水中，看見自己美麗的容貌與婀娜多姿的倩影，都得意地笑了起來。

女王湊近一看，看見自己仍然是那麼醜陋肥胖，和美女們一比，更覺無地自容，她惱羞成怒，一心要打破這面鏡子，於是用她所有的力氣，向湖心跳去，因為水深，女王掙扎了幾下，就沉下去淹死了。

女王自欺欺人的行徑令人發噱，也令人哀憐。打破鏡子，只是讓人們無從比較，但是，事實仍然存在啊！她仍是那麼醜陋，百姓還是那麼俊美，這是無法改變的。

現實生活中，我們有時是否也像女王一樣自欺欺人：明明自己不快樂，卻強顏歡笑；明明沮喪極了，卻假裝樂觀；明明自己害怕，卻佯裝剛強；明明自己沒錢，還為面子裝闊。我們活在怎樣的虛假當中啊！什麼時候我們才能坦然地面對鏡子裡的自己，而不覺得心虛？

誠實地面對自己吧！正視自己的弱點，用點幽默感，其實想想，標準是人訂的，自己能接納自己，找出自己的優點，好好發揮，才是最重要的！

讚美是語言的花朵

讚美是語言的花朵，是人與人交往激發的電光火花。

一句「你真不錯！」、「你好棒！」、「我欣賞你！」不費吹灰之力，卻能使人心花怒放、昂首闊胸，充滿了自信。

這個世代，人們已經夠孤單了，各人在自我的小象牙塔裡奮鬥，若是沒有成就，難免受人歧視；但若是真有了成就，也很難不遭人紅眼。在進退之間，真有難言之隱啊！

而人們就在自私與自卑的侵蝕之下，在自誇與自傲之間，漸漸失去了對別人讚美的能力。

事實上，讚美所發出的力量絕對超過我們所能想像。讚美是一雙翅膀，不論世俗的擔子多麼沈重，一句讚美的話語就能夠使人輕飄飄地盪起來，快樂地在天空飛翔；讚美也像是一座火炬，能將人從黑暗的路上引到光明的天地，不再摸索、不再恐懼，走向光明的康莊大道。

一個會讚美別人的人，是一個肯定自己的人，他了解自己、接納自己，因此他能夠欣賞別人。

一個會讚美別人的人，一定也是一個受人歡迎的人，他總是能看見別人的長處，因此他能夠與人和睦相處。

一個會讚美別人的人，一定也是一個值得別人讚美的人，在他的身上，有一個最大的優點，就是懂得欣賞別人。

從自我的窠臼裡跳出來吧，看看別人的長處。

記得：在這個世界上，本來就沒有完美的人，正是因為這樣，我們不需要再自怨自艾，不需要再自卑自抑；抬起頭來，看看我們周圍的人，仔細尋找他們身上的優點，大方而勇敢地告訴他們，試試看，能不能讓他們輕飄飄地飛起來！

輯九

勇敢

一個穩得勝的人，必定是個勇敢的人。

因為他以攻為防，以進為退；他勇於挑戰困難，不屑作縮頭烏龜。

「治服己心的，強如取城。」勇敢的人知道，最大的敵人就是自己，不先勝過自己，無法制服敵人。這就是勇敢的祕訣。勇者，無懼。

我來當爸爸

聽得出來，她是單親媽媽。

因為她的言談之間只談兒子，從不提兒子的父親。

她是個美容師，面貌姣好，我常在想，是不是漂亮的人才能做美容師，還是美容師做久了，就顯得比一般人漂亮？

個子高挑，皮膚白晰，舉止之間還有些富貴氣。我認識她並不久，但她顯得很健談，尤其是提到她的兒子的時候，她整個人像是會發光一般。

「我的兒子很體貼。放學的時候，我去接他，他常問我：『媽媽，您今天累不累？』我一聽這話，一天的疲憊都消失了。然後，我們就去吃小火鍋，兩個人吃得不亦樂乎，吃得飽飽地才回家。我白天上班，根本沒有體力再去做晚餐，況且兩個

人開伙，很難做，所以，我們都是在外面吃完才回家。」

我聽她講著她的故事。

「孩子白天上學，寒暑假就在我媽媽家，我的工作時間很長，根本照顧不了他，所幸這孩子又懂事又聽話，放學回來，自己做功課，從不讓大人操心。」

先生呢？我小心地問。

「他啊！我們離婚了！結婚以後發覺我們兩個人個性不合，他的家人也很難相處，我記得我住在他們家的時候簡直是地獄，我每天以淚洗面，巴不得去死。後來，我提出離婚，他起初不肯，但我說，我不要你的贍養費，你再去找一個你喜歡的女人。

「後來，他總算是簽字了。我離婚以後，我覺得好釋放！說不出來的一種自由的感覺。我寧願我辛苦一點，自己工作養活孩子，也不要再回到那個痛苦的日子！」

兒子是妳的安慰？我看見她的眼裡淚水轉著，於是換了話題。

「我真的不知道這孩子怎麼這麼懂事？是上帝幫忙吧！他在家裡總是幫我做這做那，像個大男生，保護我這個小女生，什麼事都一馬當先。有一次我問他為什麼要這樣，他回答我說：『因為我們家沒有爸爸阿！所以，我來當爸爸！』」

以後我和這個漂亮的美容師見面時，我們之間的話題就是這個像爸爸的小男孩，一個還那麼小、就這麼懂事的小男孩！

我想，人與人之間的事大約都是這樣，某個角色不見了，就有人來代替。愛，永遠可以找到需要它的角落。

林間琴聲

夕暉穿過層層樹影映照進來，小小歐式的教堂裡溶漾著屬於沉暮的細香與醇美。

他一個人坐在那裡，手指飄花似地在琴鍵上飛舞，悠揚的琴聲縈繞在樹林間。

他一曲又一曲地彈著，像一條流不盡的小河；又像他的淚水，淌過面頰，又滴落在衣襟上。

他是一個留學生，獨自在異地讀書生活。從小他就熱愛音樂與藝術，他立志要出人頭地。但小兒痲痺症像一隻黑手扼住了他的理想，每當他一瘸一點地出現在教室門口時，同學們總是竊竊私語，或是冷嘲熱諷，這些都讓他越來越自卑，越來越消沈。

同學們能跑能跳、能玩能瘋，他不能，他只是靜坐在一角，羨慕嫉妒或是憤怒。

他也漸漸地變得古怪，在強烈的自卑裡，他越來越自大，他瘋狂地想要用其他的東西填補自己的缺陷，他瘋狂地想要勝過別人，以證明他不是弱者。

於是他奮鬥、奮鬥、奮鬥，一股邪惡的勢力支持他的野心。

他來到了日本，孤單的生活中有人介紹他去教會。他去了，他說他需要安慰。春末，他參加了教會辦的退修會，透過講員一次次的講道、分享、禱告，他心裡經歷了前所未有的震撼。

他信了耶穌，並且，他第一次，真正體會到耶穌為他而死，他應該為主而活。過去的他拼命為自己活，為勝過別人、壓倒別人而活，他覺得自己活得好苦！如今，他憬悟過來，他決定要為上帝而活。

那個無人的黃昏，他一個人跑到林裡的會堂去，打開琴蓋，像找一位知己一般，坐下來，他要細細思想那位捨命的主對他完全的愛。

琴聲流了出來，他的淚水也跟著淌下。

如果那位主愛我，祂怎會在意我的缺陷？我何須那樣在意別人的眼光？上帝愛我，這不是已經勝過全世界的讚美與肯定？

如果那位主愛我，祂就必定為我的一生有極完美的計畫與藍圖，我為何要自怨自艾、自暴自棄？上帝早知道了我的一切，祂自有安排。

如果那位主愛我，祂必定要用我，我應該將自己完全獻上，我的才能、我的時間、我的一切，我該為主拼鬥，而不是為自己拼鬥！

暮色漸漸攏來的時候，他仰起頭，滿面淚水，但他笑了，從小到大，他從未經歷過這樣的舒暢，一種完全被接納、被肯定的釋放！

浴火重生

美國的芝加哥是一個世界聞名的大都市，不過，可能很少人知道，這個都市之所以如此出類拔萃，是因為它經歷了一場毀滅性的大火。

一八七〇年，來自歐洲和美洲的移民一批批乘著火車湧進芝加哥，他們滿懷熱望，期待興建這座新城市。很快地，芝加哥就成為美國中西部商業中心，人口三十萬人，躍升為發展最快的城市，人們辛勤的工作得到了證明。

但是祝融無情，一八七一年的一場大火燒盡了人們的美夢。

據說，那夜，城西的李瑞太太還在煤油燈底下工作，她在擠牛奶，也不知道為什麼，母牛忽然間發威，後腿一踢，踢翻了煤油燈，煤油流出來，立刻點著了乾草，火勢擋也擋不住。那時大約是十點半，火舌迅速伸展，伸到芝加哥河面上，又往城中心亂竄，整個芝加哥陷入一片紅光烈焰之中。

事後，估計這次大火燒毀了一萬五千戶人家，三百個男女幼童死亡，造成十萬人無家可歸，總共損失二億美元。人們嘆息流淚，看著那些斷壁殘垣，美好的家園付之一炬，那豈是「悲慘」二字足以形容！

但是，他們痛定思痛，化悲憤為力量，決定重新站起來，重建家園。據說，當時居民之中有一個人，名叫喬治．普爾曼，他主動將自己的房舍提供給員工住，讓重建人員無後顧之憂，可以全力以赴進行都市重建的工作。

一八九三年，芝加哥舉辦了世界博覽會，非常成功。不但這樣，世界第一棟使用鋼骨的摩天大樓也在芝加哥矗立了起來，接著，各式各樣創新的城市建築在這裡如雨後春筍般竄了起來。芝加哥確實是站起來了，不但站起來了，它再度成為美國中西部最大的城市。

我常在想，芝加哥的大火徹底改變了它的命運，除去了原有的小格局，從廢墟中重新站起來，新的芝加哥城可以傲視全世界，成為舉足輕重的大都市。

一個人的生命不也是這樣嗎？經過淬鍊與磨難，視野開展了，韌度增加了。誰說苦難不是祝福？誰說危機不是契機？浴火重生之後，是更偉大的勝利。

湯米的獻花

湯米是個小留學生，他隨著媽媽遠嫁美國，離開了台灣的好朋友、好同學，心裡非常不捨。但是環境不許他往回看，馬上要註冊上學，他和姊姊都必須面對新生活。

他們的新爸爸是個美國人，人很好，可是，究竟不是他們的爸爸。湯米不知道該怎麼跟他相處，更糟糕的是，他覺得一向疼愛他們的媽媽似乎也變了一個人——她不「只是」他們兩姊弟的媽媽，還是別人的太太。

這一點讓湯米非常不舒服，過去三人行的美好回憶漸漸地被現實所替代。湯米知道從此以後他必須自己照顧自己了，他不再能像過去一樣，依賴媽媽過活了。

於是，高中以後，他選擇遠處的大學，自己照顧自己，他執意不要媽媽來照顧

他。他說：「我一個人過活，一個禮拜做一次菜，把一個禮拜的飯食都預備好，放進冰庫裡，再每天拿一點出來吃。」

我聽了覺得辛酸。一個半大不小的孩子，自己面對繁重的課業不說，還得打理生活中的一切，面對一室的孤寂，他在強迫自己快快長大。

這一年的夏天，他隻身回到台灣。背著一個大包包，不論走到哪裡，都是一副隨時可以上飛機的模樣。

我請他到家裡來吃飯，那天剛好是母親節。他一進門，首先獻上了康乃馨一束，我接過來，心裡知道這是美國人必有的禮數——到人家裡來，必定備禮。但他送給我的這一束花在那天可是天價，母親節當天的康乃馨多麼貴啊！我知道這對一向節儉的他，必定是下了決心才買的。我很感動。

我把花端正地擺好的剎那，我想起他的母親。這束花該送給他的母親的。一個單親媽媽，辛苦撫養他們長成，到了一定年齡，找到了人生第二春，也算是為孩子們日後的生活做了最好的安排。她奔走於兩種關係之間：夫妻的與親子的，這位母親已經是一百分了，還能要求她如何呢？

但孩子長大就是長大了。湯米說，他一年就只在聖誕節回家看看媽媽。

我立刻明白了。當孩子長大時，他寧願一個人過活，也不願意面對太複雜的人際關係。

「我很會做一種『巧克力布丁蛋糕』，就是整杯吃下去就飽了的那種。就是這種東西讓我開始對烹飪有興趣！」

我在湯米小時候認識他，於他，我就像是一個大姊姊，或是一個小媽媽。他去了美國以後，我們失去聯絡，如今再相逢，已經暌違十六年。

十六年造就了一個小紳士，他是這麼有禮而懂事。但我非常清楚這十六年間，他是怎麼長大的。

成長是痛苦的，而在他，成長更是孤寂的。我只是覺得非常心疼。但正如他說的，因著心中的信仰，他總是能咬著牙撐過去。他說，上帝是他隨時的幫助，而且非常真實。

上帝就在天上看呢

童話大師安徒生小時候家境窮苦，母親常常帶著他到有錢人家的田裡去拾取麥穗。當時有個不成文的規定，就是收割過的麥田，若有遺落的麥穗，就留給那些窮苦人家拾取。

有一個富翁叫做雷老頭，他的地大田廣，是最好拾取麥穗的地方，只是，當地的人都知道雷老頭脾氣火爆，所以大家都不敢靠近他的田地。

這天，安徒生的母親看家裡真的是要斷炊了，就硬著頭皮前往雷老頭的田裡去撿麥穗。到了雷老頭的田裡，安徒生的母親心裡很緊張，一邊撿一邊張望，深怕被雷老頭發現，等到撿得差不多了，正想帶著兒子回家，一陣吆喝傳來：「小偷！別跑！」

只見雷老頭面目猙獰地追來，手裡拿著鞭子，安徒生的母親帶著他拼命跑。但就在這時，安徒生腳上的木鞋掉了，光著的腳被麥根刺傷了，他再也跑不動了，遠遠地落在母親後面。

雷老頭趕上了他，喝道：「好啊！你這個小偷！今天老子非要你嚐嚐我的厲害，以後你就不敢再來偷我的麥穗了！」他舉起鞭子，準備狠狠地抽打安徒生。

一般孩子遇見這種狀況，都會放聲大哭，但是，安徒生卻很鎮定，他抬頭看著雷老頭，無懼地說：「好！你打吧！上帝就在天上看呢！」

雷老頭聽了這話，反而被嚇住了，他放下鞭子，仔細看了看安徒生，笑著說：「你這個小孩倒是挺有個性的嘛！你叫什麼名字？」

「我叫安徒生。」

「好，我喜歡你，來，這個給你，拿去買餅吃吧！」說著，雷老頭塞了一枚銀幣在安徒生手裡。

安徒生的母親後來聽了兒子的敘述後，她幾乎不敢相信。以後，安徒生的母親常

對人家說：「這孩子性格單純又善良，很討人喜歡，連兇巴巴的雷老頭都不會對他發脾氣呢！」

窮人有窮人的悲劇，對待他們不妨寬厚些，因為上帝就在天上看呢！

輯十

愛心

一個穩得勝的人，必定是個有愛心的人！
因為愛心高於一切，這個仁慈的法則勝過世間千萬法則！
這是一段值得深省的一段文字：

「我若能說萬人的方言，並天使的話語，卻沒有愛，我就成了鳴的鑼，響的鈸一般。我若有先知講道之能，也明白各樣的奧祕，各樣的知識，而且有全備的信，叫我能夠移山，卻沒有愛，我就算不得什麼。」（錄自聖經）

最美的baby

她是一個生下來就有問題的孩子！

那問題還真不小，她罹患的是多重罕見疾病——「先天性肺動脈瓣狹窄症」及「多發性神經纖維瘤」，這病花費龐大，難以治癒，而且，這孩子的智力會漸漸地被影響。這個小女孩一出生不久，就等於被父母棄養，被送到育幼院來。後來被一對夫婦領養，但實在是因為負擔不起，他們決定放棄。

後來有一對愛爾蘭夫婦透過國際收養協會，表示願意出面領養這個可憐的小女孩。

當這對愛爾蘭籍夫婦千里迢迢來到台灣，滿懷期待，從育幼院院長手中接過這個小女孩時，這位「爸爸」立刻欣喜地叫道：

「這是我見過最美的baby了！這是上帝給我們的禮物！」

一旁的社工、院童起鬨說：

「這個小baby長得很像媽媽呢！」

於是，那位「媽媽」笑得合不攏嘴了，只因大家說這個孩子「長得」像她！

在告別育幼院時，這位「爸爸」特別告訴大家可以放心，他們在愛爾蘭已經找好了腫瘤科大夫，只要孩子一到，就可以立刻開始治療！

所有在場者都為這個小女孩能找到真正願意接納她的「父母」而慶幸。這對父母不計較這孩子有問題，不計較這孩子可能來歷不明，不計較這孩子將來可能會花去他們大把鈔票，他們就是要她，就是愛她！這樣的愛實在令人動容！

這個可憐的小女孩原來是被當成「垃圾」丟掉的，如今，卻成了別人家的「寶貝」，被珍惜、被疼愛！這其間真有天淵之別啊！

這「一家三口」離開育幼院時的身影令人感嘆！這對父母像是得到了什麼了不起的寶藏似地那麼欣喜若狂，他們雖然不是小女孩的生身父母，但他們對她的愛卻是滿滿的！

這小女孩的一生將因這對父母而完全改變。她有可能一輩子都住在愛爾蘭，在寧謐的環境中長大。長成以後，她可能也不會記得自己曾在育幼院住過，只有黑頭髮黑眼睛會提醒她：她與她的父母不同。

但這又有何妨呢？愛，是遠遠超越國界、國籍的。一個在愛中長大的孩子，就是天下最幸福的。

幸福的絲線

有人說：「愛是什麼？愛就是在別人的需要上看見自己的責任。」

我卻還有另一個解釋：「愛是什麼？愛是用一條幸福的絲線，將自己與別人牽在一起。」

有一位富翁，擁有金山銀山，卻是一點也不快樂，他到處求醫，都無法醫治他的憂鬱症，直到有一天，他的僕人偶然提起傳聞中的智者，什麼問題都難不倒他，或許主人可以去試試看。

主人抱著一絲希望，上車前往遠方尋找智者。終於找到了智者，智者卻熱烈地邀請他先住一宿，次日富翁提起他的難題，請問智者有何解決之道。

誰知這位智者只講了兩個字，就是「分享」。他說：「除非你分享，否則你不會

快樂。」

富翁當時完全不能接受，就立刻驅車離去。一路上，因著一連串的事件，他親身體驗了這個道理：當他與人分享時，他自己就非常快樂；當他自私小氣時，他就非常不快樂。

等到他回到家時，他已經變了一個人。他已經學會了分享，他是一個快樂的人了。

看到這個故事的同時，我也聽說了一個真實事件：

一個大學生，偶然間得知世界展望會的慈善工作，經過考慮，他加入了這個愛心行列，決定每月捐出七百元認養宏都拉斯的一個小女孩。

後來，這個大學生入伍當兵，放假時與女朋友約會，兩人講好為了資助宏國小女孩，兩人放棄院線片，改看二輪片；放棄吃牛排，改逛夜市吃雞排。兩個人這樣做以後，發現他們的情感更甜蜜，心裡更充實更快樂。

這個阿兵哥說，對他來講，七百元只是節省享樂，但對宏國小女孩而言，卻是非常重要、非常基本的生活所需：衛生飲水和醫療設備。

他覺得這樣做很值得。有一種「被需要」的感覺。他還說，如果以後工作收入穩定，他還想認養第二個小孩。

這樣看來，快樂的算式是減法，而非加法。當我們用幸福的絲線將我們與別人牽在一起，執意讓自己的幸福也成為別人的幸福時，快樂就來敲門了。

不做敵人，做朋友！

俄國的大文豪托爾斯泰曾經寫過這樣一個故事：

有一位國王，希望能勵精圖治，於是請問他左右的大臣說：「什麼是治國最重要的？」

大臣你一句、我一句地發表他們的治國理論，但是國王都不滿意。

國王在失望之餘，就去找國中的一位隱士，向他請教。誰知，隱士金口難開，一句話也不說。就在這時，遠方來了一個人，行路踉踉蹌蹌地，好像是受了傷。待他接近，國王和隱士一看，果然是個受傷的人。於是，國王動了慈心，就救了他。

第二天，那個受傷的陌生人對國王說：

「國王，我原來是你的敵人，我其實是要來殺你的，可是，我被你的衛士發現了，他們打傷了我。我一路逃到郊外，竟然意外地遇見你，你不但不懷疑我，還救了我，所以，我決定從今以後，不再做你的敵人，我要做你的朋友！」

國王非常驚訝，原來昨日這位朋友是預備殺他的刺客，他在無意中救了他，竟然奇妙地改變了他的心意，讓他願意成為自己的朋友！吁！國王鬆了一口氣！

後來，國王又問那位隱士說：「什麼是治國最重要的？」

隱士說：「『愛』，『愛』是最重要的，就像你那天所做的，你在無意間救了你的敵人，使他從仇恨你到敬愛你，這就是因為你的愛感動了他。

「人與人之間，若有了愛，就可以化干戈為玉帛、化敵人為朋友，這就是治國的祕訣啊！」

隱士的話如暮鼓晨鐘，點醒了國王，使他定意走上以仁愛治國的康莊大道。

我們呢，我們雖然不是國王，但是待人接物的道理是一樣的。我們若能以愛對人，正如聖經所說的「愛人如己」，必定能夠化解許多不必要的誤會與冤仇。許多原來可能是敵人的，因著我們以愛待人，就變成朋友了。

這樣看來，世間沒有一股力量像愛如此神奇，它可以將黑暗之心轉變成為光明之心，改變人與人之間的關係。

應該要為自己活

人生只有一次，應該要為自己活，而且要積極地為自己活。

不要作救星、不要作偉人，也不要作造橋鋪路的善心大爺。人，只應該為自己活，因為那樣才會活得快樂！

為什麼會快樂呢？因為「為自己活」有許多好處。

第一，你不必費精神去關心別人。「一樣米養百樣人」，你很難摸透別人在想什麼，他要什麼，到時候吃力不討好，還不如不要做得好！

第二，你不必花時間去搞人際關係。時間可是最寶貴的，人說「時間就是生命」啊！我們為什麼要把生命浪費在人家身上？那可是「肉包子打狗」，有去無回啊！

第三，也是最重要的，就是你不必掏腰包去送禮物。尤其是中國人，見面三分情，總不好意思送兩串蕉。所以，乾脆完全拒絕往來，把錢省起來。

第四，這點年輕人一定很有同感，那就是為自己活，不必去遷就別人。你想要如何就如何，你不必為了討別人歡心，就犧牲自己的前途，那太划不來了！

人生只有一次啊！當然要為自己活！

說到這裡，自然，我也不諱言，「為自己活」的確也有些痛苦之處。

什麼樣的痛苦呢？

就是當你有需要的時候，人家也不會管你，因為你跟他們說過：「對不起，我的事情都忙不完，怎麼能幫你？」

你恐懼、害怕，遭遇患難、需要別人陪伴時，別人也會搬出一百個理由，告訴你，他們的時間也非常寶貴，不願浪費。

你兩袖清風、三餐不繼的時候，人也會佯裝不見，就算施捨給你，也只是一些無用的銅板，杯水車薪，根本解決不了問題。

聖經卻有這樣的一句話：

命。

因為，凡要救自己生命的，必喪掉生命；凡為我喪掉生命的，必救了生命。

那意思是說，你若想「得」，就必須「捨」；你若不「捨」，就永遠不能「得」。一個一天到晚只想保護自己生命的人，到最後，不但眾叛親離，就是連上帝都會棄之不顧了。

「為自己活」似乎會很快樂，但事實上卻很悲慘，正像一個人將自己囚禁起來，在拒絕幫助關心別人的同時，同時也拒絕了自己的成長。在一種孤獨無助、可憐無望的光景中，這人只有憂憂悽悽地渡過他所謂「寶貴的」一生了。

復仇者

他是個骯髒的孤兒，在街上流浪，又冷又餓，好心的恩蕭先生把他抱起來，摝在懷裡，把他帶回家。他稱那孩子是「上帝的禮物」，誰知，因為大家對這孩子的虐待，卻讓他成了「地獄的使者」。

這是艾蜜莉・白朗特最著名的作品，也是她唯一的一部小說《咆哮山莊》裡的一段。

恩蕭先生有一子一女，就在他從利物浦回來途中，遇見了一個孤兒，他心生憐憫，就把他帶了回家。恩蕭太太氣得跳起來，硬要把那孩子丟出去，罵道：「我們自己已經有孩子了，為什麼還要帶這野孩子回來？」

兩個孩子，男孩興德看見爸爸答應給他買的小提琴被野孩子的身體壓得粉碎，女

孩凱撒琳知道父親因為照顧野孩子而忘了她的馬鞭時，兩人便氣憤地對野孩子吐口水。

恩蕭為那孩子取名為「希茲」。這之後，因著恩蕭先生因愛生憐，對希茲百般寵愛，引起自己親生子女的不滿與嫉妒。後來凱撒琳漸漸與希茲要好起來，興德卻變本加厲，百般虐待希茲，尤其在老恩蕭死了之後。

希茲長期被虐待，興德動不動就打他罵他，他從不掉一滴眼淚，但他的心裡卻發誓說：「不管等多久，我一定要報這個仇！」

之後，果然希茲偷跑至他鄉發展，數年後返鄉時已經是成功的商人，他按著他的計畫，一步步地復仇，最後兩個山莊都是他的，所有人鄙視過他的人，都被他踩在腳底。他從僕人變成主人，他從受虐兒變成虐待別人的人。

這復仇者的計畫是成功了，但他的靈魂卻一直得不到安寧，直到他死的那一天，他的面孔仍是猙獰的。

仇恨使一個人堅強，也使他瘋狂。希茲從小被虐，養成他陰險仇視的個性，這個人最後毀滅了他所有的敵人，也毀滅了他自己。

這是「恨」的世界，這是「恨」的循環，人只要被捲進去，就永不得翻身。但是，「冤冤相報，何時了？」

這個世界上帝以「愛」來打造，人卻用「恨」來毀滅，吃虧的是人類自己。什麼時候人才能跳脫這咒詛，用「愛」來彼此相待？

杜甫的豪宅

唐朝的大詩人杜甫一生曲折流離，晚年時曾經因避難到成都去倚靠朋友，在那裡，他靠著河邊蓋了一間草堂，想就此安定下來。誰曉得那年秋天一場大風吹來，竟一舉把他房子的茅草屋頂給掀了去，他氣急敗壞，寫了一首〈茅屋為秋風所破歌〉來表達他的氣憤與怨嘆。

他在這首歌裡寫著：

「八月清爽的秋天，突然來了一陣怪風，竟然把我的茅草屋頂給吹走了，有的茅草落在河對岸，有的茅草在空中盪了盪，才落在樹林裡。河對面的孩子看見我是個軟弱無力的老人，就聯合起來欺負我，他們當著我的面，大大方方地把我的茅草抱走，任憑我在河這邊喊破了嗓子也沒有用。唉，我無

可奈何地回到我的破屋子裡，望著露天的房子，只有仰天長歎的分。

「過了一會兒，風停了，可是，烏雲卻漸漸靠過來，天空竟然又開始下起雨來了，唉，屋頂被刮走了，又剛好下雨，我怎麼度過這漫漫長夜啊？

「我多麼希望我能擁有一棟寬敞的房子，如果這個願望能成就的話，我就要收容全天下所有窮苦的讀書人，讓他們可以不畏風雨、安安穩穩地過日子。可是，我要到哪一天才能擁有那樣一棟房子呢？」

他寫的是：「安得廣廈千萬間，大庇天下寒士俱歡顏，風雨不動安如山！」這是他的願望！

杜甫的願望後來當然沒有實現，不但這樣，他還因為長久的饑荒，餓過了頭，當有人好心送食物給他的時候，他因為大喜過望，暴飲暴食，當天晚上就脹死了。

杜甫被後世稱為詩聖，詩歌的成就如萬丈光芒，幾乎無人能相比，但是，有誰知道他在世上短短的五十九歲生命裡，大多是唏噓與嘆息呢？

今天我們看見都市之繁榮，動輒造鎮，高樓大廈叢叢竄起，但世上有幾人能有杜甫的心腸呢？